Rolf Schneider HORIZONTE

M1
D-3108

Rolf Schneider

HORIZONTE

Faszination Segelflug

Mit einem Vorwort von Ingo Renner
sowie Beiträgen
von Axel und Bernd Schneider

Motorbuch Verlag Stuttgart

Einbandgestaltung: Johann Walentek unter Verwendung einer Vorlage des Verfassers.

Bildnachweis: Archiv Verfasser; Infrarot-Fotografie »Grenzschicht-Strömungsanalyse«: Firma Siemens, Karlsruhe; »Netzdarstellung eines Kreisfluges«: Firma hollenzer microelectronic; Kapitel »Die Gletscherpremiere«: Archiv Schulze.

Vorsatz vorn: Vor dem Piz Palü – eine faszinierende Farbensymphonie in Blau und Weiß.
Frontispiz: Das Flugerlebnis zwischen Eis und Wolken.
Vorsatz hinten: Das Gesicht der Alpen wird durch die Erosion und die Gesteinsarten bestimmt. Der Anflug zu diesem sonnenbeschienenen Hang wird sicherlich mit einem kräftigen thermischen Aufwind belohnt.

ISBN 3–613-01637–0

1. Auflage 1994.

Typografie und Layout: Heinz Holzgräbe.
Satz: primustype Robert Hurler GmbH, 73274 Notzingen.
Druck: Gulde-Druck GmbH, 72070 Tübingen.
Bindung: Großbuchbinderei E. Riethmüller, 70176 Stuttgart.
Printed in Germany.

INHALT

Eindrucksvolle Begegnung mit der Eiswelt der Hohen Tauern.

VORWORT

Die Natur hat dem Menschen viele Fähigkeiten verliehen, doch der alte Traum des Menschen, ähnlich wie ein Vogel durch die Lüfte zu schweben, hat sie ihm in direkter Weise versagt. Aber der geradezu evolutionäre Drang des Menschen trotzdem zu fliegen, ließ ihn nicht zur Ruhe kommen – bis er mit seinem Naturverständnis und seinem technischen Intellekt sich selbst die Flügel gab: moderne, futuristisch-schöne Segelflugzeuge, die immer weiter, höher und schneller fliegen.
Die Perspektiven des Segelfluges haben inzwischen eine Dimension erreicht, die vielen Piloten neue Möglichkeiten eröffnen. Es gehört sicherlich zur Persönlichkeit eines Piloten, wo er in dem weiten Angebot der Flugvarianten seine Schwerpunkte setzt und welches Flugerlebnis er sucht, denn wohl in keiner anderen Disziplin dürfte er eine so breite Auswahlmöglichkeit haben. Die Begegnung und die Erfahrung mit den elementaren Kräften der Natur, das Landschaftserlebnis unserer noch schönen Erde, das Ausreizen der persönlichen Fähigkeiten im Strecken- und Wettbewerbsflug oder das Fliegen in einem technisch interessanten Fluggerät – all diese Möglichkeiten können das Fliegen zu einem Erlebnis werden lassen. Doch was letztendlich zählt, sind nicht nur die geflogenen Streckenkilometer oder gar die ergebnisvolle Flugdaten-Statistik des Bordcomputers, sondern vielmehr die natürliche Freude und der Spaß am Fliegen.
In unserer modernen Zeit, wo Computer schon fast unser tägliches Leben vorprogrammieren, überrascht der Segelflug noch mit einem »natürlichen Programm«, denn die Variablen der Natur sparen nicht an oft unvorhersehbaren Überraschungen. Der engagierte Segelflieger empfindet dies jedoch nicht als Nachteil. Im Gegenteil, für ihn wird das Angebot der Natur zu einer Herausforderung, an der er seine Tagesaufgabe unter Berücksichtigung von Wetter, Leistung seines Flugzeuges und vor allem seiner eigenen Erfahrungen und Fähigkeiten festlegt. Viele Piloten werden beim Segelfliegen sich selbst erst richtig kennenlernen. Bordcomputer machen sich immer mehr breit, deren Datenaufbereitung sicherlich eine wertvolle Hilfe für Entscheidungen während des Fluges sein kann. Aber wenn in komplexen Entscheidungssituationen sich alternativ die durch fleißiges Training unter Beobachtung des Vogelfluges erworbene Flugerfahrung anbietet, vertrauen die talentierten Piloten nach wie vor auf ihre natürliche Fähigkeiten. Naturtalent läßt sich nicht so schnell durch Computertechnologie ersetzen. Das ist gut so, denn die Freude am Fliegen wird dadurch noch größer.
Dieses, in seiner ganzen Spannweite erlebnisnahe Buch, versucht in Wort und Bild die vielen Möglichkeiten des Segelflugs zu vermitteln. Sowohl der Leistungspilot als auch derjenige, der der Freude wegen fliegt, wird dabei angesprochen; aber auch junge Menschen, die vielleicht noch unentschlossen den heutigen teilweise fragwürdigen Freizeitangeboten gegenüberstehen. Die Faszination des Segelfluges hat schon viele Menschen in ihren Bann gezogen. Warum auch dieser Verlockung widerstehen, wenn es für dieses Erlebnis wohl keinen gleichwertigen Ersatz gibt?

INGO RENNER

FLIEGEN,
IRGENDWO IM RAUM,
IRGENDWANN IN DER ZEIT
IN DER UNFASSBAREN
UNENDLICHKEIT DES ALLS,
IMMER AN DEN GRENZEN
UNSERES WISSENS
DOCH STETS IN DER HOFFNUNG,
HORIZONTE ZU ÜBERWINDEN.
ABER JE MEHR
DER MENSCH ERKENNT
UND ZU VERSTEHEN GLAUBT,
UM SO BESCHEIDENER
SOLLTE ER WERDEN.

Rolf Schneider

ZU DIESEM BUCH

Dieses Buch ist ein Versuch, das Naturerlebnis Segelflug über faszinierenden europäischen Natur- und Kulturlandschaften von der Schwäbischen Alb bis zur Sierra Guadarrama in Zentralspanien in Bild und Sprache wiederzugeben. Fliegen und Fotografieren vermittelt »Augen-Blicke zwischen Himmel und Erde«, deren fotografische Umsetzung neue Horizonte eröffnet.
Der Flug, insbesondere der Segelflug, eröffnet der Kamera die Dritte Dimension. Die Perspektiven sind ungewöhnlich. Sie vermitteln eine Erlebniswelt, welche die des Bergsteigens noch übertrifft, denn der Segelflugpilot kann sich den Viertausender auch von oben anschauen; nicht als verwöhnter Passagier eines Airliners, der im kontaktlosen Abstand die Topografie unter sich läßt, vielmehr als ein »Alpinist mit Flügeln« auf der Suche nach dem »stillen Abenteuer«, wie es der leider allzufrüh verschiedene Jochen von Kalckreuth formulierte.
Es gibt Augenblicke in unserem Leben, in denen wir nur mit Abstand mehr Überblick gewinnen. Ich erinnere an den bekannten Ausspruch des amerikanischen Astronauten Neil Armstrong, der auf die Frage nach dem wichtigsten Ergebnis der Mondmission Apollo 15 gefragt wurde. Dem Sinne nach antwortete er: »Als ich vom Mond aus den Planet Erde erblickte, habe ich erkannt, daß dieser Planet eine Insel im Weltenraum ist, auf die wir Menschen angewiesen sind. Es gibt keine Ausweichmöglichkeiten«.
Auch im Segelflug gewinnen wir erkenntnisreichen Abstand, wenn auch die Dimensionen mit der Raumfahrt nicht vergleichbar sind. Die geradezu bescheidenen Flughöhen schränken den Wahrnehmungshorizont des Segelflugpiloten sicher ein. Trotzdem sind die Eindrücke mit der fotografischen Sensibilität einer fliegenden Kamera in voller Bandbreite wiedergegeben: Vom Flug über die schnee- und eisbedeckten Viertausender in den Föhnwellen der Alpen bis zum Kreisen über die sonnenverbrannte Erde der Sierra Guadarrama. Die »Welt von oben«, in der die politischen Grenzen sich verlieren, wird zu einer neuen Perspektive. Dabei werden Gedanken frei. Das Bewußtsein erfährt eine neue Dimension und dies nicht nur visuell. Der Druck des Alltags wird kleiner, und mit der Flucht aus unserer Betonzivilisation gewinnt der Pilot neue Freiräume. Er wird frei für neue Erfahrungen und Einsichten und findet zur inneren Harmonie.
Doch Segelfliegen ist mehr als ein reines Naturerlebnis. Die Geschichte des Segelfluges ist die Geschichte einer ständigen Steigerung der fliegerischen Leistungsfähigkeit des Menschen und der Flugzeuge. Segelfliegen ist auch Hochleistungssport mit extremen Herausforderungen – vom Rekordflug bis zum knallhart bilanzierten Wettbewerbsflug unter enormem psychischen Leistungsdruck.

Welche Spielart des Segelflugs wir auch wählen, sei es das einzigartige Naturerlebnis über einer faszinierenden Landschaft oder das Ausreizen der technischen und persönlichen Leistungsgrenzen – alles ist unsere Anstrengung und unseren Einsatz wert. Auch wenn ein Pilot sein Ziel einmal nicht erreichen sollte, allein der Weg dorthin ist schon Rechtfertigung genug.
Alles was wir für selbstverständlich halten, nimmt uns die Freude am Entdecken und Erleben. Dieses Buch möchte helfen, neue Wege aufzuzeigen und dem Betrachter die Freude am schönen Bild unserer Erde nahebringen. Doch blättern Sie um, denn ein Bild sagt mehr als tausend Worte...

Ein Logenplatz für die Gipfelshow.

MANCHMAL MÖCHTE MAN FLIEGEN . . .

Wer verspürt nicht den Wunsch, den Tagesproblemen zu entfliehen, Ablenkung und Entspannung zu suchen, um vielleicht besinnliche und kreative Einsamkeit zu finden?
Unser modernes Leben unterliegt zunehmend einer Programmierung, die wir mehr oder weniger bewußt hinnehmen; nur durch ein extremes Verhalten könnte man sich den Einflüssen und Anforderungen unserer Zeit noch entziehen. Der immer größer werdende Drang nach Freiheit und auch Freizeit hat sicherlich damit zu tun.
Doch wer fliegt, der entflieht. Im wahrsten Sinne des Wortes gewinnt man Abstand. Wir lassen unser eingeschränktes Umfeld – wenn auch nur für kurze Zeit –mit seinen Tagesproblemen unter uns zurück. Im Fluge fühlt der Mensch sich freier, aber er spürt auch, daß er absolut für sich selbst verantwortlich ist. Sein Lebensraum und seine Grenzen werden neu abgesteckt und er erfährt, daß es keine Freiheit ohne Verantwortung geben kann. Diese Erkenntnis ist von allgemeinem Wert und nicht nur für das Fliegen von besonderer Bedeutung.
Vielleicht suchen wir auch die Herausforderung, die im Segelflug besondere Dimensionen annimmt und gleichzeitig höchste Anforderungen stellt. Wer seine Fähigkeiten und seine Grenzen austesten will, findet im Segelflug einzigartige Möglichkeiten. Nur eines sollte er nicht: Das Abenteuer suchen. Wer das Abenteuer sucht, der fliegt nicht lange. Es ist daher ganz natürlich, auch einmal Angst zu haben. Die Angst ist ein na-

Der Wind ist da – Start frei!

»Alpinisten mit Flügeln« auf dem Weg zu neuen Horizonten.

türliches Regulativ und sichert das Überleben unserer Art. Sobald es dem Menschen aber gelingt, die Gefahren zu analysieren und zu bewerten, verliert er die Angst. Dann kann er sich verantwortlich neuen Aufgaben stellen und seine Leistung steigern. Auch der Segelflug mußte sich an dieser Erkenntnis orientieren. Nicht Mut ist gefragt, sondern die respektvolle Einschätzung der Naturkräfte und der persönlichen Fähigkeiten. Doch zugegeben, die Verführung vom rationalen Kalkül zum Abenteuer ist nahe. Die Engländer, schon immer der Fliegerei verbunden, halten zum Thema Sicherheit ein zutreffendes Sprichwort parat: *»There are old pilots and bold pilots – but there are no old bold pilots!«* (Es gibt alte Piloten und tollkühne Piloten -aber es gibt keine alten tollkühnen Piloten).

In jedem Falle aber ist der Segelflug eine einzigartige Begegnung mit der Natur, egal ob man seine Leistungsfähigkeit unter Beweis stellen will, oder den Traum vom Fliegen in die Wirklichkeit umsetzt. Der motorlose Flug vermittelt ein Naturerlebnis, dessen Ursprünglichkeit und Dimension kaum noch zu übertreffen ist. Das Einfühlen in die Kräfte und Schönheiten –

Nächste Seite: Bedrohlich und schön zugleich erlebt der Segelflugpilot als fliegender Alpinist die eindrucksvolle Bergwelt. Mit ungefähr doppeltem Spannweitenabstand gleitet er an den felsigen Hängen entlang, was ihm ausreichend Sicherheit bei optimalem Hangaufwind garantiert.

U3
6403

Zweisamkeit über den Wolken: Die sprichwörtliche Kameradschaft der Segelflieger hat auch heute noch ihren Stellenwert. Besonders im Teamflug ergeben sich wichtige Vorteile: Schnelleres Finden der Steigkerne in der Thermik, größere Chancen bei der Suche nach Aufwindfeldern bei schwacher Thermiklage, sowie gegenseitige Überwachung und Verbesserung der Navigation.

aber auch zugleich in die Gefahren – der Natur wird zu einem besonderen Erlebnis. Je moderner wir heutzutage leben, um so mehr verlieren wir den Kontakt und auch das Verständnis zur natürlichen Umwelt. So gesehen eröffnet der Segelflug eine weite Perspektive: Vom hautnahen natürlichen Erlebnis eines thermodynamischen Prozesses – der von Sonne und Erdoberfläche erwärmten Luft, die mit gewaltigen Kräften nach oben steigt – bis hin zur visuellen und auch nachdenklichen Begegnung mit unserer noch schönen Erde. Dabei werden Denkanstöße vermittelt, die unser Verhältnis zur Natur neu bewerten.
Die Harmonien dieser Welt sind oft verborgen. Sie mit unserer Einfühlsamkeit zu entdecken und bewußt zu erleben, zählt mit zum wahren Glück dieser Erde. Fliegen vermittelt uns die Einstimmung in die Natur in einer Dimension, die uns Menschen immer wieder neu fasziniert. Doch ein Pilotenleben ist zu kurz, um die volle Spannweite erleben zu dürfen. Aber der Weg zum Ziel ist auch schon Sinnerfüllung.
Je höher und weiter die Flügel tragen, um so faszinierender wird das schöne Bild der Erde.
Der Pilot entdeckt eine neue Welt: Horizonte in verschleierndem Dunst und Nebel, Horizonte die sich in felsige Gipfel und eisigen Schnee verlieren und Horizonte, die in einer fast unendlichen Weite eine sonnenverbrannte Erde berühren. Das Auge beginnt zu träumen...

Ein schöner Tag geht zu Ende – der Abend wartet schon am Horizont.

FREIZEITFLIEGEN IM TREND

Fliegen ja, aber wie? Für viele, vielleicht noch unentschlossene junge Menschen, stellt sich sicherlich die Frage nach dem Fluggerät, wenn es darum geht, in die Luft zu kommen. Der uralte Traum des Menschen vom Fliegen muß keine Vision bleiben. An die 2000 Luftsportvereine in Deutschland halten ein reichhaltiges Angebot bereit, aus welchem der Interessent wählen kann: Segelfliegen, Motorfliegen, Drachen- oder Gleitschirmfliegen, Ultraleichtfliegen, Fallschirmspringen und Ballonfahren. Für Jugendliche bietet sich als erste wertvolle Kontaktaufnahme zum Kennenlernen der fliegerischen Grundlagen besonders das Modellfliegen an, was den späteren Einstieg zum »richtigen« Fliegen wesentlich erleichtert. Bei dem reichhaltigen Angebot scheint sich der vielzitierte Spruch zu bewahrheiten: »Nur Fliegen ist schöner«. In der Tat, es gibt viele Möglichkeiten vom Boden abzuheben, doch das »himmlische Gefühl« erlebt jeder durch die Wahl des Fluggerätes ganz auf seine Weise. Welches Fluggerät auch immer gewählt wird, die alte Sehnsucht des Menschen, seiner Erdgebundenheit zu entfliehen, findet im Fliegen – und als Fortsetzung in der Raumfahrt – am ehesten ihre Erfüllung.

SEGELFLIEGEN ist Fliegen mit dem »ältesten Motor

Segelfliegen ist auch heute noch Gemeinschaftssport. Über die preiswerte Mitgliedschaft in einem Verein können sich auch Jugendliche ihren »Traum vom Fliegen« erfüllen.

Eine neue Variante im Segelflug: Co-Autor Axel Schneider startet mit der vereinseigenen DG 400 mit Hilfe eines Klapptriebwerkes.

Die meisten Vereine bieten ihren Mitgliedern auch die Möglichkeit des Motorsegelns. Ein Falke C 2000 bei einem abendlichen Rundflug.

der Welt«, nämlich der Sonne. Sie erzeugt über die Erwärmung der Erdoberfläche die thermischen Aufwinde und läßt somit bis zu 750 kg schwere Segelflugzeuge mit mehreren Metern/Sekunde bis auf 6000 Meter steigen. Doch auch Hang- oder Wellenaufwinde, beispielsweise bei Fönwetterlagen, sind begehrte Aufwindmöglichkeiten. Sie ermöglichen den motorlosen Flug nicht nur über lange Strecken, sondern auch in großer Höhe. So liegt der Höhenweltrekord im motorlosen Flug über 14 000 Meter, und in Neuseeland sind bereits Flugstrecken von über 2000 Kilometer in ungefähr 15 Stunden zurückgelegt worden. Physikalisch bedeutet dies nichts anderes, als daß die in Form von potentieller Energie in den Aufwinden erreichte Höhe – durch Vorfliegen bis zu einer maximal möglichen Geschwindigkeit von 270 Kilometer/Stunde zu einem nächsten Aufwind – in kinetische Energie und damit in Streckenkilometer umgesetzt wird. Die Konstruktion moderner Segelflugzeuge ermöglicht inzwischen einen maximalen Gleitwinkel von ungefähr 1:60, d. h. bei 1000 Meter Ausgangshöhe können 60 Kilometer geflogen werden. Dieses Prinzip des Segelfluges stellt – vielleicht abgesehen vom vogelähnlichen Kreisen in der Thermik – die eigentliche Faszination des Segelfliegens dar. Selbst die Ungewißheit, aufgrund fehlender Aufwinde nicht mehr den Heimatflugplatz zu erreichen, ist kein Handicap, vielmehr verleiht diese Situation dem klassischen Segelflug eher einen Hauch von Abenteuer. Zweifellos werden in dieser Sportart wohl einzigartig Körper und Geist gleichzeitig gefordert. Doch der vielzitierte »Wertewandel« hat inzwischen auch den Segelflug verändert, denn moderne Segelflugzeuge werden wahlweise mit einem Klapptriebwerk angeboten, sei es um selbstständig – also ohne Seilwinde oder Flugzeugschlepp starten zu können – oder auf Überlandflügen bei unerwartet fehlenden Aufwinden das Triebwerk auszufahren, um dadurch eine Außenlandung zu vermeiden und zum Heimatflugplatz wieder zurückzukehren. Doch welcher Typ auch immer, einem modernen Segelflugzeug ist anzusehen, daß es gewissermaßen im Windkanal geboren wurde. Seine Formschönheit ist geradezu von ästhetischer Eleganz, denn die Physik des motorlosen Fluges verlangt eine möglichst widerstandsarme Formgebung. Von allen Fluggeräten ist das Segelflugzeug der Typ, der mit dem größten aerodynamischen Aufwand unter Verwendung moderner Faserverbundwerkstoffe gebaut wird. Segelfliegen mit einem modernen und leistungsfähigem Flugzeug ist

Eine Piper PA 18 und eine Bücker 181 ziehen als Oldtimer die neugierigen Besucher in ihren Bann.

Auf den Spuren Lilienthals: Die Drachenflieger erobern sich die Welt der Berge.

ein Erlebnis für sich. Nicht selten sind Piloten so begeistert, daß sie von der »Königsdisziplin« sprechen.
Die andere klassische Version des Fliegens ist sicherlich der MOTORFLUG. All diejenigen Piloten, die weniger Wert auf ein natürliches Fliegen legen, dafür aber weit mehr unabhängig von Wetter und Tageszeit bestimmte Ziele erreichen wollen, finden ihre Interessen am ehesten im Motorfliegen. Ob bequemes Reisen abseits von überfüllten Straßen oder aus reiner Freude am technischen Fliegen – der Motorflug bietet seine eigene Dimension. Er kann gleichzeitig ein attraktives Verkehrsmittel sein, aber auch ein technisches Sportgerät, das in seiner Bedienung ein hohes Maß an technischem und theoretischem Wissen und auch fliegerischem Können erfordert. Bei schlechtem Wetter mit Hilfe einer modernen Navigationsinstrumentierung von »A nach B« zu gelangen, ist schon mehr als Routine und die Anforderungen an den Piloten können sich bereits jenen der Verkehrsfliegerei nähern. Die Spannweite des Motorfliegens bietet – einmal abgesehen vom natürlichen Fliegen wie im Segelflug – viele andere interessante Varianten: Reiseflug, Kunstflug, sportliche Rallyes, Landschaftsflug und Schleppflug, um Segelflugzeuge in die Luft zu bringen. Es gibt wohl kaum einen Flugsportverein, der seinen Mitgliedern nicht auch die Möglichkeit zum Motorflug bietet; zumindest ist ein Motorsegler in der Halle, der auch bei abgestelltem Motor segelflugähnliche Eigenschaften hat und einen interessanten Übergang vom klassischen Segelflug zum reinen Motoflug bietet.
Wer in den Mittelgebirgen oder gar in den Alpen zu Hause ist und mit relativ einfacher Technik und Aufwand vogelähnlich an den Berghängen fliegen will, der findet im DRACHENFLIEGEN erstaunliche Möglichkeiten. Aus wenigen Aluminiumrohren, Edelstahlseilen und Segelstoff entstand, ähnlich der Lilienthalschen Idee, ein einfaches und ungefähr 30 Kilogramm schweres Fluggerät. Der Pilot ist darin liegend – und damit widerstandsarm – aufgehängt, um durch Schwerpunktsverlagerung mittels eines Steuerbügels das einfache Fluggerät in den Aufwinden an den Berghängen zu steuern. Bei einer Gleitleistung von ungefähr 1:12 kann schon bei verhältnismäßig geringen Aufwinden wie ein Segelflugzeug an den Hängen entlanggeflogen

Selbst mit dem Paraglider sucht der Mensch das Abenteuer der Berge.

werden. Abgesehen davon, daß ein Drachenfluggerät nur den Bruchteil eines Segelflugzeuges kostet, kann unabhängig von einem Flugplatz und ohne fremde Hilfe an den Berghängen gestartet werden. Inzwischen sind vielerorts Winden verfügbar, so daß das Drachenfliegen nicht nur auf die Berge beschränkt bleibt.

Der GLEITSCHIRM ist inzwischen genau wie das Drachenfluggerät an den Berghängen anzutreffen. Er stellt eine weitere Spielart dar, möglichst preiswert in die Luft zu kommen. Der ungefähr 25 m^2 große Gleitschirm besteht aus einem leichtgewölbten, fast rechteckigen Tragflächenprofil mit eingenähten Kammern. Nach dem Absprung von einer exponierten Hangkante füllen sich diese Kammern im Fluge mit gestauter Luft, womit gleichzeitig der Schirm ein tragflächenähnliches Profil annimmt. Ähnlich einem konventionellem Fallschirm mit Steuerleinen kann der Gleitschirmflieger Kurven einleiten oder auch durch gleichzeitiges Betätigen der Steuerleinen die Fluggeschwindigkeit beeinflussen. Trotz dieser verhältnismäßig einfachen Konstruktion wird eine Gleitzahl von ungefähr 7 erreicht, und die relativ hohe Sinkgeschwindigkeit wird schon bei normal starken Hangaufwinden ausgeglichen. Der Flugspaß kann so viele Stunden andauern. Die Zeit, in der der Gleitschirm als Abstiegshilfe für Bergsteiger eingestuft wurde, gehört längst der Vergangenheit an, denn er hat sich inzwischen zu einem anerkannten sportlichen Fluggerät entwickelt.

Wer hat nicht schon einmal davon geträumt, in geringer Höhe – möglichst noch im Freien sitzend – über die Landschaft zu fliegen und Wiesen, Felder und Wälder zum Greifen nahe unter den Flügeln zu haben? Das ULTRALEICHT-FLIEGEN kommt – vielleicht abgesehen vom Ballonfahren – dieser Flugart wohl am nächsten. Weder Geschwindigkeit noch Bequemlichkeit ist gefragt, vielmehr ein technisch nicht allzu aufwendiges Fliegen mit Motor. Allein schon die Möglichkeit – natürlich mit behördlicher Genehmigung – auf einer einfachen Wiese starten und landen zu können, ist ein Reiz für sich. Vom Aussehen her könnte man fast glauben, ein Drachenfluggerät wurde mit einem Motor versehen. Doch die Ultraleichtflugzeuge – auch ULs genannt – haben sich inzwischen zu Leichtflugzeugen

Die Variation der Fluggeräte beflügelt seit Lilienthal die Fantasie des flugbegeisterten Menschen.

mit Fluggewichten bis zu maximal 400 Kilogramm gemausert. Sie weisen trotz weniger Aluminiumrohre eine stabile Leichtkonstruktion auf und können dank ihrer Motorkraft und Instrumentierung auch beachtliche Überlandflüge durchführen. Ein integriertes Fallschirmrettungssystem für Pilot und Fluggerät erhöht zudem noch die Sicherheit. Spätestens bei der Teilnahme an Wettbewerben oder Meisterschaften wird der Pilot voll gefordert. Trotzdem bleibt ein Hauch von Flugzeugnostalgie übrig, denn der Anblick eines Uls erinnert zweifellos an den Ursprung des Fliegens. Der Pioniergeist des fliegenden Menschen ist noch immer lebendig.

Wer die Beschleunigung im freien Fall von Null auf 200 Kilometer/Stunde in weniger als zehn Sekunden sucht und dabei noch seinen eigenen Körper als steuerbares Fluggerät beherrscht, der findet im FALLSCHIRMSPRINGEN eine Flugsportvariante mit außerordentlichem Reiz. Kontrastreicher als die Phasen eines Fallschirmabsprunges kann man sich den Flugsport kaum noch vorstellen: sorgfältiges Packen des eigenen Fallschirmes auf einem sauberen Hallenboden oder einer anderen adequaten Unterlage, vorbereitende Bodenübungen, insbesondere für das Formationsspringen, die spannungsgeladene Ruhe im aufsteigenden Absetzflugzeug, der Absprung aus mehreren tausend Metern über Grund mit dem einzigartigen Erlebnis des freien Falls, bis zum sanften Niederschweben an der entfalteten Schirmkappe und letztendlich das zielgenaue Aufsetzen innerhalb einer tellergroßen Fläche. Das eigentliche Erlebnis des Fallschirmspringens wird, da es sich – im Unterschied zu anderen Arten des Flugsports – auf wenige Minuten zwischen Absprung und Landung begrenzt, vielleicht gerade deshalb konzentrierter wahrgenommen und bewußter erlebt. Schon mancher Zuschauer war vom Niederschweben der bunten Schirme so begeistert, daß er seine natürliche Angst überwand und das Angebot eines Tandemsprunges wahrnahm, um so erstmals vom Himmel zu fallen. Nicht selten danach wurde aus einem anfänglichen Passagier ein begeisterter Fallschirmsportler. Es wird verständlich, aus ihrem Munde zu hören: »Nur Fallschirmspringer wissen, warum die Vögel singen«. Eindrucksvoller ist dieses Erlebnis wohl kaum zu beschreiben.

Ballonfahren ist die älteste Art »in die Luft zu gehen«. Seine traditionsreiche Geschichte und das lautlose Dahinschweben, oft nur wenige Meter über der Erde, übt auf viele »Fahrgäste« einen besonderen Reiz aus.

Fotogene Flugmodelle und anspruchsvolle Technik bestimmen die Attraktivität des Modellflugsportes.

»BALLONFAHREN ist eine der schönsten Arten in die Luft zu gehen«, so beschreiben zumindest die Eingeweihten ihren faszinierenden Sport. Mit Sicherheit ist es die älteste Art in die Luft zu kommen, denn bereits über hundert Jahre vor Otto von Lilienthal hatten die Brüder Montgolfier im Jahre 1783 das Prinzip des Ballonfahrens entdeckt und auch verwirklicht – nämlich mit erhitzter Luft oder Gas, das leichter als die umgebende Luft ist, vom Boden abzuheben und von den Winden getrieben über die Landschaft zu gleiten. In einer umbeschreiblichen Stille liegt dem Ballonfahrer die Erde zu Füßen. Vom Winde verweht wird der Ballon dahingetrieben, und nur durch die Veränderung der Höhe mit ihren unterschiedlichen Windrichtungen und Windstärken läßt sich die Fahrt beeinflussen. Landeplätze lassen sich im voraus nicht bestimmen, denn es ist ein Spiel mit dem Wind und damit eine abenteuerliche Reise ins Ungewisse. Die ersten Fluggäste waren im Jahre 1783 ein Hahn, eine Ente und ein Schaf, denn das Experiment erschien als sehr waghalsig. Nach über hundert Jahren hat sich an der Technik nicht viel geändert, denn der Auftrieb ist immer noch die von einem Gasbrenner erhitzte Luft oder auch Wasserstoff. Sand oder Wasser dienen als Ballast, doch in dem Weidenkorb befinden sich an Stelle von Versuchstieren begeisterte Menschen, die über der Hektik und dem Stress unseres Alltags dahinschweben und die stimmungsvolle Harmonie einer Landschaft erleben wollen. Als traditionsreichster Sport der Luftfahrt erwartet die Fluggäste nach der Landung noch eine Überraschung: Mit Titeln wie »von und zu« wird jeder neue Ballonfahrer mittels Feuer und Alkohol getauft und mit Fahnengruß in den ehrenreichen Ballonadel erhoben.

Eigentlich gehört der MODELLFLUG an den Anfang der Fluggeschichte, denn das Fliegen begann mit Freiflugmodellen. Sie wurden im Laufe der Zeit so verbessert, daß sie oft kilometerweit zurückgeholt werden mußten, da sie mit ihren guten Flugeigenschaften buchstäblich das Weite suchten. Doch danach wurden die Modelle an die »Fessel« genommen und an einer rund 15 Meter langen Leine den Zuschauern vorgeführt. Das Angebot reicht vom Kunstflug bis zum Speedfliegen mit Höchstgeschwindigkeiten von über 200 Kilometern/Stunde. Inzwischen ist auch diese Flugmodelltechnik schon Geschichte geworden, denn die Entwicklung der modernen Funkfernsteuerung leitete

Viele Flugplätze sind in Landschaftsschutzgebiete integriert und liefern somit den Beweis für die Umweltverträglichkeit des Flugsports. Auf dem südlichsten Flugplatz Deutschlands, in Agathazell, werden schon lange die Abstellplätze nur noch begrenzt gemäht, und die Blumen blühen auch zur Freude der Besucher.

eine neue Ära ein. Es gibt heute kein Fluggerät mehr, das nicht im Modellbau in fast all seinen Funktionen simuliert werden kann. Längst werden im Windkanal komplizierte Entwicklungen des Flugzeugbaus anhand von Modellen untersucht und ihre theoretischen Vorausrechnungen im Experiment überprüft (wissenschaftlich »verifiziert«). Selbst so technisch komplizierte Modelle wie Hubschrauber gehören zum Repertoir des Modellfliegers. Es gibt heute keinen Luftsportverein, der nicht vom Nachwuchs aus den Reihen des Modellflugsports und dessen fachlicher Kompetenz Nutzen zieht. Kenntnisse über Flugphysik, Flugmechanik, Materialkunde und vor allem auch handwerkliches Können sind gerade im Modellbau eine wichtige Voraussetzung zum Erfolg. Wer Modell-fliegt, erlebt praxisnah die Technik und die Physik des Fliegens und bringt

damit bekanntermaßen gute Vorraussetzungen mit, um sich später in einem Luftsportverein selbst in die Luft zu bringen. Der Modellflugsport ist schon längst eine eigenständige Sportart und dürfte gerade Jugendlichen wertvolle Aussichten bieten.
So unterschiedlich die verschiedenen Flugsportarten auch sind, so haben die gemeinsamen flugsportlichen Interessen und die gegenseitige kameradschafltliche Unterstützung beim Flugbetrieb nach wie vor einen hohen Stellenwert. Besonders im Vereinsbetrieb wird dadurch auch für Jugendliche das Fliegen erschwinglich. Gewiß, Fliegen ist kein Breitensport, es ist aber auch kein exklusives Steckenpferd für reiche Leute. Der Aufwand ist vielmehr im zeitlichen Einsatz und in der Bereitschaft zur Wissenserweiterung zu sehen. Darum kümmern sich renommierte Flugschulen oder ehrenamtliche Lehrer in den Flugsportvereinen, wobei die letztere Ausbildung allerdings mehr Zeit beansprucht.
So positiv das Freizeitfliegen in all seinen Spielarten sich auch entwickelt hat, seine Zukunft ist leider nicht mehr überall gesichert. Die Vorurteile vieler Medien, Politiker und Bürgerinitiativen gegen die »Hobbyflieger« machen sich zunehmend bemerkbar. Außerdem bedroht der fortschreitende Siedlungsdruck die grün gebliebenen Sportflugplätze immer stärker. Konflikte zeigen sich immer häufiger. Viele unserer Flugplätze sind daher in Gefahr, obwohl sie schon längst als wertvolles Freizeitangebot anerkannt sind. Zudem wird übersehen, daß diese Plätze auch attraktive Freizeitgelände mit einem wertvollen Naherholungseffekt am Rande unserer überfüllten Städte in einer noch grünen Umwelt sind, ja daß sie schon teilweise wertvoller Bestandteil eines Ökosystems geworden sind. So gibt es heute schon Sportflugplätze, die an Naturschutzgebiete angrenzen, auf denen beispielsweise nur noch die nötigsten Abstellflächen für Flugzeuge gemäht werden.
Wenn zu solch einer Umgebung noch das Ambiente eines Clubheimes hinzukommt, wo bei gemütlichem Beisammensein Fliegerfreundschaften geschlossen werden, wo Erfahrungsaustausch oder Lehrgänge zur fliegerischen Weiterbildung stattfinden und im Winter gemeinsam das Fluggerät für die nächste Saison gewartet wird, dann ist Freizeitfliegen zu einer Perspektive geworden, deren Stellenwert vorwiegend in der aktiven Gestaltung der Freizeit und der Freude am Fliegen zu suchen ist.
Auch wenn heute Millionen von Menschen in komfortablen und schnellen Düsenflugzeugen die ganze Welt bereisen, das Freizeitfliegen mit seinen oft kleinen und einfachen Flugzeugen – dafür aber mit einem Hauch von Abenteuer – läßt sich durch keine auch noch so moderne Flugvariante ersetzen. Wer etwa mit einem Segelflugzeug über die bizarre Welt der Gletscher fliegt und die Herausforderung der Naturkräfte annimmt, stößt an die Grenzen menschlicher Erlebnisfähigkeit. Zu dieser Art des Fliegens gibt es wohl keine andere Wahlmöglichkeit, denn wer dabei – vielleicht den Bersteigern vergleichbar – noch das unmittelbare Naturschauspiel sucht, wird wohl schwerlich eine andere Alternative finden. Freizeitfliegen macht den Weg frei für eine Welt, in der es noch viel zu entdecken und zu erleben gibt.

SEGELFLIEGEN – ZURÜCK ZUR NATUR

Wer als Fluggast in einem modernen Verkehrsflugzeug viele Stunden einem interkontinentalen Reiseziel entgegenfliegt und dabei nur gelegentlich aus dem Fenster schaut, sonst aber mit Fernsehen und Zeitschriften seine Langeweile zu vertreiben sucht, kann sicherlich nicht von einem Flugerlebnis reden. Der vielzitierte »Traum vom Fliegen« muß etwas anderes sein. Die Flugsehnsucht des Menschen sieht ihre Erfüllung nicht in einem hochtechnologisierten Fluggerät, um möglichst schnell und kostengünstig von Punkt A nach Punkt B zu fliegen. Vielmehr erfährt der Mensch die Freude am Fliegen, wenn er im vogelähnlichen Flug auf natürliche Weise über die Landschaften dahinschwebt und feinfühlig die Naturkräfte nutzt. Es ist schon beinahe paradox, doch je einfacher das Fluggerät ist, um so eindrücklicher wird das Naturerlebnis und damit die Freude am Fliegen. Es ist ganz normal, wenn der Mensch damit sportlichen Ehrgeiz verbindet. Doch was er letztendlich erfährt, ist das Wertvollste – Lebensfreude, die nicht aus dem Warenhaus kommt...

Fliegerisches Vorbild der Natur: Ein gleitender Pelikan zeigt im natürlichen Flug eine beneidenswerte Perfektion.

Oldtimer erinnern immer wieder an die Anfänge des Fliegens. Streckenflüge von 50 Kilometern können diese alten Vögel immer noch bewältigen, wobei die Freude am Fliegen natürlich im Vordergrund steht.

Im Laufe der Evolution gewann der Mensch viele Fähigkeiten; der vogelähnliche Flug blieb ihm jedoch versagt. Es liegt aber in der Natur des Menschen, keine Spielart der Flugmöglichkeiten unversucht zu lassen und auf irgendeine Weise seine Flugsehnsucht zu befriedigen. Beipielsweise läßt er sich als Fallschirmspringer mit dem Motorflugzeug bis auf 5000 Meter tragen, um danach minutenlang im freien Fall der Erde entgegenzustürzen. Je nach Körperlage werden dabei Geschwindigkeiten von 170 bis 270 Kilometer/Stunde erreicht, wobei der Springer oft noch mit anderen Kameraden Formationen bildet. Dieses sportliche Verhalten verdient sicherlich Achtung, doch der Mensch muß dabei feststellen: Ohne irgendeine Art von Fluggerät kann er nicht fliegen. Selbst als Freifaller braucht er einen Fallschirm, um sicher auf der Erde landen zu können.

Vor über 100 Jahren hatte Otto Lilienthal eine andere Idee. Er ließ sich vom Vogelflug – und vor allem von eigens gehaltenen Störchen – inspirieren. Lilienthal baute sich aus Weidenruten einen Gleiter mit einer Spannweite von 6,70 Meter und flog damit im Jahre 1891 zum ersten Mal 25 Meter weit! Die Flugbegeisterung und die Fähigkeiten eines Maschinenbau-Ingenieurs ermöglichten den ersten Flug des Menschen. Bald wurden daraus 250 Meter bis – wahrscheinlich von thermischen oder anderen turbulenten Luftströmungen verursacht – sein Flugapparat nicht mehr steuerbar war und er aus 15 Meter Höhe tödlich abstürzte. Lilienthal opferte sein Leben und lieferte aber damit den Beweis, daß der Mensch sich mit einem intelligent konstruierten Gerät von der Erde abheben kann. Der Mensch mit seinem Forscherdrang und sei-

Eine ASW 22BE mit 25 Metern Spannweite und einer Streckung von 38,32 zeigt die Perspektive einer »Superorchidee«.

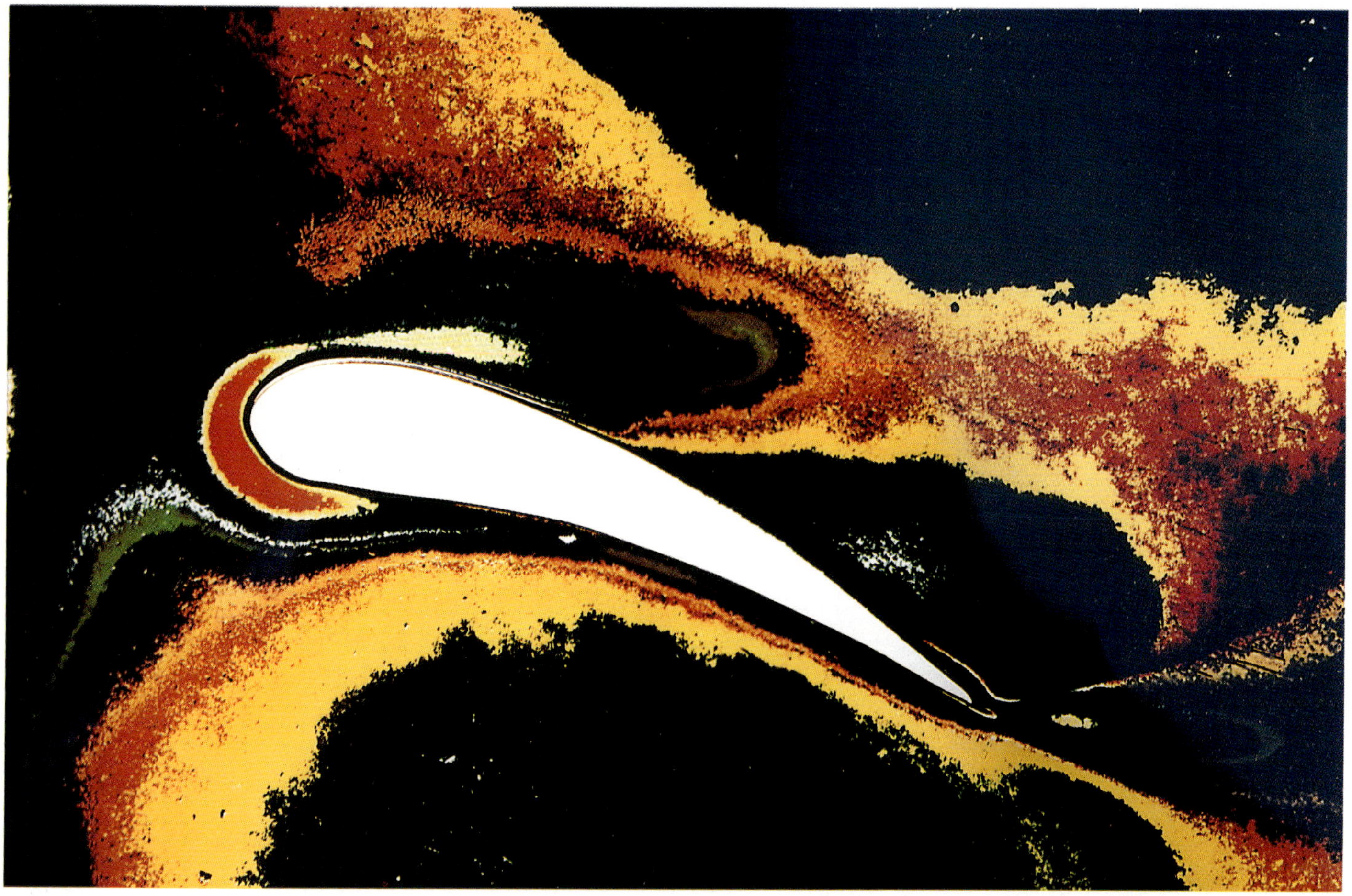

Mit den Augen der Physik: Unsichtbare Natur wird durch Infrarottechnik sichtbar. Die Grenzschicht-Strömungsanalyse läßt an einem Profil deutlich den Umschlagpunkt von laminarer in turbulente Strömung erkennen.

ner Schöpferkraft brach zu neuen Horizonten auf. Das Sprichwort der alten Griechen »Der Vater aller Dinge ist der Krieg« bewahrheitete sich auch an der Entwicklung der Kampfflugzeuge. Der Versailler Vertrag verbot den Deutschen nach dem Ersten Weltkrieg jedoch die Weiterentwicklung motorgetriebener Flugzeuge. Zwangsläufig wichen die flugbegeisterten Konstrukteure und Piloten auf den Bau von Segelflugzeugen aus, und es ist – so paradox es sich anhört – dem Versailler Vertrag zu »verdanken«, daß er Anstöße gab, die Deutschland zur führenden Nation in der Konstruktion und Herstellung von Segelflugzeugen machten. Die Wasserkuppe in der Rhön wurde in den 20er Jahren zum Treffpunkt aller Flugbegeisterten. Mit ihrem Namen bleibt die Geschichte des Fliegens unvergeßlich verbunden. In Wettbewerben und Vergleichsflügen wurden wertvolle Erfahrungen ausgetauscht. Die Weiterentwicklung der Segelflugzeuge wurde durch eine Dynamik vorangetrieben, die selbst heute noch nicht erloschen ist.

Wer allein mit den Naturkräften fliegen will, steht vor einer komplexen Situation. Die Bandbreite der zu beachtenden Parameter reicht vom Wahrnehmen und Nutzen der Naturkräfte selbst bis hin zur konstruktiven Verbesserung der Fluggeräte unter Beachtung der technischen und physikalischen Randbedingungen. Im Ge-

Nächste Seite: Futuristisch schön: Was im Windkanal zum Fliegen »geboren« wird, übertrifft sogar den Widerstandsbeiwert eines Sportwagens um den Faktor 5!

Nicht nur eine schöne Wolke, sondern auch anschauliche Physik: Aufgrund der bei der Kondensation freiwerdenden Wärmeenergie wird die aufsteigende Luft zusätzlich erwärmt und die thermikbedingte Strömung nach oben beschleunigt. Mit der Massenträgheit der Luftteilchen wird die Strömung über die Inversionsgrenze fortgesetzt.

gensatz zum Motorflug, wo aerodynamische Entwicklungsmängel durch höhere Motorleistung teilweise ausgeglichen werden können, ist der Segelflugzeugbau möglichst ohne Mittelwege anzugehen. Die Naturgesetze der Aerodynamik verlangen nicht nur eine widerstandsarme Formgebung, sondern auch auftriebsoptimale Tragflächenprofile über einen weiten Geschwindigkeitsbereich: Schnellflug im Bereich bis nahezu 300 Kilometer/Stunde; Langsamflug zum engen Kreisen im thermischen Aufwind und für eine sichere und möglichst kurze Landefähigkeit, besonders außerhalb von Flugplätzen, was für Segelflugzeuge nichts außergewöhnliches sein sollte.

Die allmähliche Einführung der Faserverbundwerkstoffe und neue Erkenntnisse in der Aerodynamik brachten in den 60er Jahren deutliche Fortschritte. Es ist bemerkenswert zu erwähnen, welche Möglichkeiten sich für Segelflugzeug-Konstrukteure auftun. Sie haben etwa mit der Kohlefaser einen Werkstoff zur Verfügung, der ungefähr die gleiche Zugfestigkeit wie Stahl aufweist, dabei aber fünfmal leichter ist! Die Folge sind heute erschwingliche Flugzeuge – also keine Sonderentwicklungen – mit Spannweiten von 26,4 Meter, einer Gleitzahl von etwas über 60 und einem geringsten Sinken von 0,4 Meter/Sekunde, sowie eine Streckung von ungefähr 40. Zum Vergleich: Ein modernes Verkehrsflugzeug, wie der Airbus, erreicht gerade eine Streckung von 9,5. Unter Streckung wird die »Schlankheit« eines Tragflügels verstanden. Mathematisch ausgedrückt: Das Verhältnis der Spannweite im Quadrat geteilt durch die Flügelfläche. Wenn diese »Superorchideen« dazu noch bis zu 300 Kilogramm

Wasser tanken können, wird verständlich, welche flugtaktischen Möglichkeiten ein modernes Segelflugzeug besitzt und welche Fähigkeiten an einen Piloten gestellt werden, diese Vorteile auch optimal zu nutzen.
Wer mit 26 Meter Spannweite eine Außenlandung vornehmen muß, hat Verständnis, wenn solche Flugzeuge zunehmend mit einem Klapptriebwerk (K-Typ) ausgerüstet werden. Die damit erweiterten flugtaktischen Möglichkeiten gegenüber einem Segelflugzeug ohne Hilfsmotor führen zu immer größeren und respektableren Streckenflugleistungen. Sie lassen sich auch in extrem Thermik-intensiven Gegenden durchführen, wo die Außenlandemöglichkeiten oft äußerst beschränkt sind. Ein Klapptriebwerk kann daher eine sinnvolle Ausrüstung sein. So bewundernswert die Leistungen der K-Typen auch sind, ein Leistungsvergleich mit einem Segelflugzeug ohne Hilfsmotor sollte aber nicht stattfinden. Die flugtaktischen Möglichkeiten eines K-Typs eröffnen dem Piloten im wahrsten Sinne des Wortes neue Horizonte: Er kann weites Gelände ohne Außenlandemöglichkeiten mit erheblich geringerem Risiko überfliegen. Unerwartet fehlende Aufwinde oder eine Fehleinschätzung des Gleitwinkels brauchen für ihn, im Unterschied zum motorlosen Piloten, nicht zum Problem werden. Es wäre daher gegenüber dem Piloten unfair, Leistungen beider Flugzeugtypen miteinander zu vergleichen.
Um die Naturkräfte optimal zu nutzen, also ohne Motor möglichst weit und schnell zu fliegen, ist die Profiloptimierung von entscheidender Bedeutung. Drei Faktoren sind dabei ausschlaggebend: Formgebung, Qualität der Oberfläche und ein möglichst langer und ungestörter Verlauf der Luftmoleküle. Im Fachchinesisch: Der Umschlagpunkt vom laminaren in den energieverzehrenden turbulenten Teil muß möglichst weit in Strömungsrichtung zurückverlegt werden. Die weitgehende Verwirklichung dieser aerodynamischen Forderung ist hauptsächlich den Faserverbundwerkstoffen zu verdanken, deren Innovation Ende der 80er Jahre ihren vorläufigen Abschluß fand. Doch die Profilgeometrien sind nach wie vor das Objekt, an dem ein effektives Verbesserungspotential der Flugleistungen gesehen wird. Aber nicht jedes neue Profil hat gehalten, was von ihm erwartet wurde, denn die »eierlegende Wollmilchsau« gibt es auch im Segelflug (noch) nicht. Der gewünschte weite Geschwindigkeitsbereich und die damit notwendige Verbesserung der Flügelgeometrie fordert die Aerodynamiker immer wieder heraus. Allmählich aber scheint das klassische Verbesserungspotential der Geometrie-Veränderung ausgeschöpft zu sein. Neue Ideen, beziehungsweise Technologien, sind gefragt. Beispielsweise diskutieren Fachleute zunehmend über eine Absaugtechnologie, welche die laminare Strömung an bestimmten Stellen der Flügelgeometrie verbessert. Aber woher soll die Energie kommen, zumal ein Segelflugzeug möglichst widerstandsarm und nur mit natürlicher und nicht mit »technischer« Energie fliegen soll? Wenn sogenannte Winglets heutzutage den induzierten Widerstand an den Tragflächenenden verringern, dann sind die Randwirbel vielleicht auch für die Absaugenergie nutzbar, womit sich neue technische Perspektiven ergeben könnten. Die Natur hält für den intelligenten und schöpferischen Menschen noch viele Möglichkeiten offen. Es gilt, sie zu nutzen und in sinnvolle Anwendungen umzusetzen.
Die zunehmende ökologische Betrachtungsweise der Umwelt sensibilisierte das Naturverständnis vieler Menschen. Sicherlich werden Segelflieger so und so gesehen, doch die Besinnung auf die natürliche Abhängigkeit des Menschen von der Natur rückt allmählich stärker in das Bewußtsein, aus welchen Gründen auch immer. Die Pioniere, denen es ersmals gelang, motorlos zu fliegen, waren bereits auf dieser Spur. Sie entdeckten den Hangwind, eine indirekte Erscheinung der Sonnenenergie, die auch die Strömung des Windes verursacht, der zwangsläufig den Hang hinaufströmen muß und mit seiner Aufwärtskomponente den Auftrieb für den Segelflug liefert. Diese Erkenntnis war zur Zeit Lilienthals sicherlich nicht schwer, denn viele Vogelarten zeigten diesen natürlichen Weg des Fliegens. Die technische Umsetzung für den Menschen war das eigentliche Problem. Wenn einige Jahre später über den ostpreußischen Dünen bei Rossitten eine Hangflugzeit von über 56 Stunden erreicht wurde, war der Mensch mit seiner damaligen Flugtechnik der Natur ein beachtliches Stück nähergekommen. Die Grenze war sein natürliches Schlafbedürfnis, denn der Versuch diesen Rekord zu überbieten, führte zum tödlichen Absturz. Vernünftigerweise wurde der Dauerflug-Disziplin keine Beachtung mehr geschenkt, denn je besser die Flugzeuge wurden – und dazu gehörte auch eine sensible Instrumentierung – umso mehr entdeckte der fliegende Mensch neue Aufwindarten und damit eine überraschende Vielfalt der Naturkräfte, die ihn zu immer größeren Flugleistungen befähigten.
Ein Segelflugzeug kann nur »oben« bleiben, wenn es in

einer Luftmasse fliegt, die mindestens um soviel steigt, wie das Flugzeug normalerweise in ruhiger Luft sinkt. Um diese Luftmassen aufzuspüren, wurde das Variometer erfunden, das die vertikale Geschwindigkeit der Luftströmung mißt und somit dem Piloten eine der wichtigsten Informationen liefert. Wenn Piloten behaupten, daß sie mit dem »Hintern« fliegen, so haben sie nur bedingt recht. Sie spüren über diesen Körperteil nur vertikale Geschwindigkeitsänderungen, also positive oder negative Beschleunigungen, niemals aber ein konstantes Steigen oder Fallen ihres Flugzeuges und schon gar nicht die zahlenmässige Größe. Auch Naturtalente haben ihre Grenzen!

Das kreisende Steigen der Bussarde und der Störche muß jeden naturinteressierten Menschen auf die Idee bringen, daß Luftmassen sich unter bestimmten Umständen nach oben bewegen, gewissermaßen als eine von der Sonne über die Bodenfläche erwärmte Luftblase, ähnlich einem Ballon, die allerdings einen Durchmesser von mehreren hundert Metern annehmen kann. Selbst Archimedes konnte schon nachweisen, daß der Auftrieb proportional der Temperaturunterschiede der erwärmten Luftblase zu ihrer kälteren Umgebungstemperatur ist. Viele Menschen sind etwas verwirrt, wenn sie erfahren, daß die Sonne die Luft praktisch gar nicht erwärmen kann. Ihre geringe Wärmeleitfähigkeit läßt nur eine indirekte Erwärmung über eine dafür geeignete Bodenfläche zu, ähnlich einer Kochplatte. Diese Bodenbeschaffenheit beim Überfliegen einer Landschaft zu erkennen, gehört mit zu den besonderen Eigenschaften eines »Segelfliegerauges«: Wechsel des Bewuchses oder der Geländeform, Ausrichtung von Gebirgszügen in bezug auf optimale Sonneneinstrahlung und Windrichtung; nasser Boden, der Verdunstungsenergie benötigt und damit späte Thermik liefert; aber auch das Wärmespeichervermögen von Wäldern und Städten, das zur Umkehrthermik führt, wenn abends die Sonneneinstrahlung längst schon erloschen ist. Das Naturverständnis eines Segelfliegers sollte auch den physikalischen Begriff des Albedo, also des Reflexionsvermögens, nicht ausschließen. Je kleiner das Abstrahlungsvermögen einer Bodenfläche ist, um so stärker wird die Erwärmung der darüber liegenden Luft sein. Die Energie bleibt im Boden, der die darüberliegende Luft erwärmt, die als aufsteigende Thermikblase wiederum den natürlichen Auftrieb liefert. Wenn diese Thermikblase (in normal feuchter Luft unserer Breitengrade) nach oben steigt, wird ihre Feuchtigkeit in wenigen tausend Metern zu einer schönen Cumuluswolke kondensieren und dem Segelflieger ein markantes Zeichen für den begehrten Aufwind signalisieren. Je kompakter eine Cumuluswolke ihren Schatten auf die Erde wirft, um so mehr verheißt sie dem Segelflieger den begehrten Aufwind. Wenn der Mensch ein »Infrarot-Auge« hätte, würde er die Thermikblase aufgrund ihrer Wärmeunterschiede zur Umgebung auch ohne die charakteristische Cumulus-Wolke erkennen. Bei trockener Luft bleibt diese Wolke aus. Dann muß der Pilot die Thermik mit seiner Instrumentierung und seinem Gefühl »erspüren«. Welche Ausmaße diese thermischen Aufwinde annehmen können, erfährt man aus Berichten von deutschen Spitzenpiloten wie Klaus Holighaus, der als Konstrukteur und Hersteller weltbekannter Segelflugzeuge in Südafrika mehrfach mit aufsehenerregenden Rekordflügen bis zu seinem Tod von sich Reden machte. Aber auch in Zentral -Australien oder Zentral-Nordamerika stellen Piloten immer wieder neue Rekorde auf. Dabei werden Aufwindstärken von sieben bis acht Metern/Sekunde bis in eine Höhe von 6000 Metern angetroffen. Immer mehr bestätigt sich eine Erfahrung: Je höher die Thermik reicht, umso stärker sind auch ihre Aufwinde. Entsprechende Segelflugleistungen – sowohl bezüglich geflogener Strecke als auch Geschwindigkeit – sorgen immer wieder für erfreuliche Überraschungen. Der »Hunderter-Club« der Piloten, die tausend Kilometer geflogen haben, erweitert sich ständig, und die klassische 500 Kilometer-Strecke wird oft nur noch im Zusammenhang mit einem Geschwindigkeitsrekord erwähnt. Inzwischen flog Ray Lynskey in Neu-Seeland die Traumstrecke von 2000 Kilometern! Der Segelflug ist im Aufbruch zu neuen Dimensionen.

Viele Menschen haben vom Energiegehalt oder der Leistungsfähigkeit thermischer Aufwinde keine rechte Vorstellung, es sei denn, daß sich die Naturgewalten in furchterregenden Gewittern äußern. Doch die physikalische Tatsache, daß ein einfaches Segelflugzeug mit einem Abfluggewicht von ungefähr 400 Kilogramm in normalen thermischen Aufwinden noch mit ungefähr zwei Meter/Sekunde steigen kann (sogar das Mehrfache in besonders guten Aufwinden), und dabei nur mit

Sonnenenergie ist der Motor des Segelfluges – ein kleines Flugzeug sucht die energiereiche Natur.

ungefähr zehn bis zwölf Quadratmetern seiner Flügelfläche eine Aufwindfläche (eines Thermikschlauches von ungefähr hunderttausend Quadratmetern) geringfügig beansprucht, verdeutlicht, daß sich in den thermischen Aufwinden viele tausend Pferdestärken verstekken.

Das Naturverständnis des Segelfliegers führt immer wieder zu neuen Erkenntnissen. Beim Ausfliegen eines thermischen Aufwindes bis an die Wolkenbasis kann – sofern Windrichtung und Sonneneinstrahlung übereinstimmen – der Steigflug vor der Wolke auf der Sonnenseite fortgesetzt werden. Die Cumuluswellen, auch als thermische Wellen bekannt, ermöglichen in bestimmten Fällen ein Übersteigen der Wolke als wäre sie ein Hanghindernis für den anströmenden Wind. Die damit verbundenen Wellenerscheinungen bieten auch dem Flachlandflieger ein Flugerlebnis, das weit über das Ausfliegen der normalen thermischen Aufwinde hinausgeht.

Mit Cumulus-Wellen allein geben sich viele Segelflieger nicht zufrieden. Sie wollen höher hinaus, denn die Wellen-Systeme über den alpinen Gebirgszügen reichen bei entsprechenden Windverhältnissen weit über 10 000 Meter, ja in Kalifornien und Nevada sogar über 14 000 Meter. Dabei sind sicher noch nicht alle Wellenflug-Möglichkeiten auf unserer Erde erfaßt. Wenn sich am Himmel in großer Höhe eine linsenförmige Wolke zeigt, auch »Lenticularis« genannt, erkennt der Segelflieger neue Aufwindmöglichkeiten: Folgeerscheinungen der über bestimmte topographische Hindernisse hinwegströmenden Luft. Wer in diesen Aufwinden fliegen darf, für den wird das Flugerlebnis zum erstklassigen Naturschauspiel. Allerdings muß er dafür auch einen entsprechenden Preis bezahlen: Der Aufstieg gelingt in der Regel nur durch turbulente Rotoren, der Pilot muß ab 4000 Meter mit Sauerstoff versorgt werden, und die Vereisung am Flugzeug kann zu Problemen führen. So lehrt die Natur dem Piloten Respekt.

Segelflug ist sicherlich mehr als die Summe der geflogenen Streckenkilometer. Über die sportliche Disziplin hinaus wird bei der Suche und Nutzung der so wichtigen Naturkräfte zwangsläufig die Feinfühligkeit für deren Erkennung und Bewertung geschult. Dabei reagieren Piloten sehr unterschiedlich. Der eine erkennt und entscheidet instinktiv, der andere mehr über die Logik und sein physikalisches Verständnis. Die gesunde Mischung aus beiden Veranlagungen dürfte ideal sein. Allen gemeinsam ist aber das Ansammeln von Erfahrungswerten aus dem Erscheinungsbild der Natur, wobei die Lernfähigkeit immer wieder aufs neue gefordert wird.

Die Vielschichtigkeit der atmosphärischen Erscheinungen überfordert sogar Meteorologen. Die Interpretation ihrer Wetterkarten durch die Segelflugpiloten zur Entscheidung einer Tagesaufgabe ist immer wieder ein Chance-Risiko-Spiel, denn sie enthalten zusätzlich eine Fülle von indirekten Informationen – beispielsweise eine Aussage über die Windgeschwindigkeit aus dem Abstand der Isobaren – die es natürlich zu berücksichtigen gilt. Selbst wenn die 500 Millibar-Höhenkarte, die aussagekräftigste für diese Zwecke überhaupt, ausgewählt wurde, verbessert sich die Trefferquote der Vorhersage nur geringfügig. Viele Piloten reagieren oft mit Unverständnis, wenn der Segelflug-Wetterbericht einmal daneben ging. Auch diejenigen, die glauben, mit der klassischen meteorologischen Navigation für den Segelflug alles über Aufwinde zu wissen, dürfen immer noch dazu lernen. Das Aufwindangebot der Natur hält immer noch Überraschungen bereit, beispielsweise die für den Segelflug so wichtigen Advektionsvorgänge von Luftmassen. Wer das Glück hatte, in Zentralspanien hinter Ingo Renner in den langgestreckten Konvergenzlinien mit hoher Schnittgeschwindigkeit fliegen zu dürfen, war freudig über diese nicht gerade klassische Aufwindvariante überrascht. Die Natur ist immer noch für Überraschungen gut.

LANDSCHAFTEN UNTER FLÜGELN

Landschaft – besonders im Fluge erlebt – ist das nur eine nüchterne Komposition der Natur aus Bergen, Tälern oder weitem Flachland, oder ist »Landschaft« ein eindrucksvolles Naturerlebnis, das immer wertvoller wird, je mehr menschliche Manipulation unsere natürliche Umwelt verändert?
Wer schon mehrere Jahrzehnte fliegt und rückblickend seine vergangenen Eindrücke dem gegenwärtigen Bild unserer Erde gegenüberstellt, verfällt in tiefe Nachdenklichkeit. Wenn beispielsweise der wachsende Siedlungsdruck mehrerer Städte im oberen Rheintal die letzten grünen Segelflugplätze gefährdet, wird eine Entwicklung erkennbar, die ihre problematische Umweltverträglichkeit uns Tag für Tag vor Augen führt. Sportflugplätze dürfen nicht zum Siedlungsreservoir werden, denn sie vermitteln noch eine natürliche Weite

Wer fliegt, sieht mehr. Muster und Formen, die am Boden verborgen bleiben, werden im Fluge entdeckt. Wenn der Mensch die Natur sich selbst überläßt wird uns das schöne Bild der Erde noch lange erhalten bleiben.

Augen-Blicke zwischen Himmel und Erde.

und einen freien Blick, der nicht unmittelbar an einem Häusermeer endet.
In unserer heutigen Werteskala wird Leben in einer natürlichen Umwelt immer mehr durch andere zweifelhafte Werte ersetzt. Wer unsere ständig wachsenden Großstädte, bereits sechsspurige verstopfte Autobahnen, Industriereviere und immer größer werdende Müllhalden überfliegt, erfährt ein Landschaftserlebnis negativer Art. Eine ursprüngliche Naturlandschaft wandelte sich zunächst in eine Kulturlanschaft mit ihren Burgen und Schlössern. Doch der Wandel kam nicht zum Stillstand, denn die Industrielandschaft mit ihrer Betonzivilisation ist unaufhaltsam auf dem Vormarsch. Der Blick, besser gesagt der Überblick aus der Flugperspektive stellt unweigerlich die Frage, wie lange noch eine Region und ihre Menschen diese Eingriffe in die Natur ungestraft dulden. Doch ehrlicherweise müssen wir auch zugeben, daß wir durch unsere moderne Lebensweise sowohl zu Tätern als auch zu Opfern geworden sind. Das Bild der Erde ändert sich inzwischen so dyna-

misch, daß im – Unterschied zum vorindustriellen Zeitalter – ein Menschenleben bereits ausreicht, um die Veränderungen gravierend festzustellen. Dazu braucht man noch nicht einmal »in die Luft« zu gehen. Wer die Erde im Fluge erlebt und dabei den Kirchturmhorizont übersteigt, macht sich zwangsläufig Gedanken, wenn Menschen mit der Landschaft umgehen als wäre es eine Ware, die sie über den Ladentisch kaufen können. Je mehr der Mensch seine natürliche Umwelt belastet, umso zwangsläufiger wird er mit einer ökologischen Betrachtungsweise konfrontiert. Im Vergleich zu den noch beim Überfliegen sichtbar gebliebenen natürlichen Landschaften, kommen Gedanken auf, die schon fast tragische Züge annehmen: Die Erde könnte ein Paradies sein, wenn es den Menschen nicht gäbe. Dies sind harte Worte und man muß sich zwangsläufig fragen, ob Selbstzerstörung nicht ein Teil der Evolution sein könnte.

Die Umwelt sieht aus der Luft sehr verletzlich aus, besonders angesichts von Städten und ihrer Industriereviere, die sich rücksichtslos in die Landschaft fressen. Fliegen vermittelt ein neues Bild der Erde, das in seiner aktuellen Wirklichkeit erschreckend wirken kann. Die Menschheit hat die 6-Milliardengrenze nahezu erreicht. Und Deutschland zählt bereits zu den dichtbesiedelsten Ländern der Welt. Die Geschichte der Natur

Nächste Seite: In mehr als 7000 Meter im Föhnwellen-Aufwind über Landeck – ein Flugerlebnis als Lohn für den oft turbulenten Aufstieg in den Wellenrotoren.

Die Gletscher haben sich schon längst in vielen Teilen der Alpregion verabschiedet, denn das Erdklima wird langzeitlich anscheinend immer wärmer. Erosionserscheinungen treten deutlich hervor.

DG-400

D-KOBI

läßt uns wissen, daß sie schon immer grenzenloses Wachstum in irgendeinem evolutionären Prozeß bestraft hat. Wir Menschen wollen diese Tatsache nicht wahrhaben, da diese Prozesse im Vergleich zu einem Menschenleben sehr langsam ablaufen. Die unnatürliche Menschendichte in einer Großstadt mit ihren nicht mehr übersehbaren Problemen ist nur ein kleiner Teil der wachsenden Problematik. Landschaft ist ein Geschenk Gottes, das der Mensch nicht mißbrauchen soll. Sie ist sein natürlicher Lebensraum, von dem seine Existenz abhängt.
Wen wundert es noch, wenn die Flucht in die noch verbleibenden Naturreservate der Mittel- und Hochgebirge auch den Segelflug ergriffen hat? Gewiß, das Naturangebot der für den motorlosen Flug so unentbehrlichen Aufwinde ist aus mehreren Gründen in den Bergen attraktiver. Aber wenn eine natürlich gebliebene Landschaft das Flugerlebnis dazu noch steigert, ist die Freude am Fliegen wohl nicht mehr zu überbieten. Von den deutschen Mittelgebirgen bis zu den südeuropäischen Ländern gibt es für den Segelflug noch viel zu entdecken – vorausgesetzt, man beachtet die regionalspezifischen Wetterverhältnisse. Am Südrand der Alpen ist das Frühjahr mit seiner glasklaren Luft die richtige Saison. Wer im Oktober oder gar im November fliegen will, findet in Südfrankreich noch eine brauchbare Thermik, dazu ermöglicht der Mistral erlebnisreiche Höhenflüge.
Flüge über europäischen Landschaften können wohl kaum eindrucksvoller erlebt werden als auf der Schwäbischen Alb, im Schwarzwald, in den abwechslungsreichen Alpen, im sonnenverwöhnten Südfrankreich oder Spanien. Ob in den Wellenaufwinden der Gebirge, im kontaktnahen Hangflug entlang ihrer Steilwände oder in den thermikintensiven Landschaften des Südens – den Piloten erwartet eine weitgehend natürlich gebliebene Landschaft; Kontrapunkte zur wachsenden Betonzivilisation.
Es ist augenscheinlich und daher für einen Segelflugpiloten leicht einzusehen: Je extremer sich das Profil einer Landschaft darstellt, sei es aufgrund ihrer Topografie oder ihrer Lage, um so verlockender erscheinen die Segelflugmöglichkeiten. Der Drang vom Flachland in den Schwarzwald oder gar als weitere Steigerung in die Alpen, eröffnet vielen Piloten neue Dimensionen und Perspektiven. Das Naturerlebnis war schon immer die stärkste Antriebskraft, neue Regionen zu erfliegen und die Ziele höher zu schrauben, sei es, um über einer extremen Gipfelwelt der Berge zu kreisen oder neue Streckenflugmöglichkeiten zu nutzen.
Der Drang der Segelflugpiloten vom Flachland ins Gebirge läßt sich aber nicht nur mit einem gesteigerten Landschaftserlebnis erklären. Hinzu treten nüchterne physikalische Gründe. Etwa, weil das Profil und der Abwechslungsreichtum einer Gebirgslandschaft verglichen mit dem Flachland die besseren thermischen Aufwinde verursacht, ganz abgesehen von den Wellen, die Höhenflüge ermöglichen. Dazu tragen im wesentlichen drei Faktoren bei:
Die REINHEIT der Luft im Gebirge – das heißt die geringe Verunreinigung durch Staubpartikel – setzt sich, im Unterschied zum Flachland oder tiefen Tälern bis in größere Höhen fort. Die Staubpartikel bleiben aufgrund ihres spezifischen Gewichtes und ihres Entstehungsortes in der Regel unterhalb der Inversionsgrenze. Die erhöhte Reinheit der Luft – natürlich auch die geringere Luftdichte in den oberen Gebirgslagen – ermöglichen somit eine intensivere Sonneneinstrahlung.
In der TOPOGRAFIE einer Gebirgslandschaft finden sich immer wieder Bodenerhebungen, deren Neigungswinkel und Ausrichtung weitgehend senkrecht zur Sonneneinstrahlung liegen, egal ob die Sonne gerade aufgeht oder im Untergehen begriffen ist. In der Regel sind dies Felshänge, die sehr früh am Morgen oder spät am Abend immer noch Sonnenenergie einfangen, was im Flachland nicht möglich ist.
Der OBERFLÄCHENZUSTAND einer Gebirgslandschaft ist in der Regel wesentlich konstrastreicher als in einer Flachlanderegion, was die unterschiedliche Erwärmbarkeit der verschiedenen Bodenpartien erklärt. Am augenscheinlichsten treten die Gegensätze an der Grenze zwischen schneebedeckter Landschaft und freien Felspartien zutage. Schneefelder reflektieren die Sonneneinstrahlung ohne die aufliegende Luft wesentlich zu erwärmen. Dagegen nehmen sonnenbestrahlte Felshänge viel Energie auf und geben sie an die aufliegenden Luftmassen weiter. Dort wird die lokale Thermikauslösung in der Regel sehr früh einsetzen, und jeder erfahrene Segelflugpilot weiß dieses Indiz zu erkennen und zu verwerten.
Somit nimmt ein Segelflugpilot das Landschaftserlebnis nicht nur visuell auf, er verarbeitet es vielmehr im Sehen und Erkennen von nutzbaren Aufwinden weiter. Er nimmt jedes Aufwind-verheißende Indiz zur Kenntnis und vergleicht es mit seinen Erfahrungsmustern. Ent-

Landschaft im Fluge erlebt: Die Natur wandelt sich in Stimmung.

sprechend sind die Entscheidungen und Reaktionen des Piloten. So kann er seine Flugtaktik optimal dem Aufwindangebot und der Wetterlage der betreffenden Region anpassen.

So abwechslungsreich und vielfältig sich die Landschaften zwischen der Schwäbischen Alb und der Sierra Guadarrama darstellen, so vielseitig und eindrucksvoll ist auch das Segelflugerlebnis. Die Freude am Fliegen erreicht dabei einen Höhepunkt. Mit dem Griff zur Kamera verbindet sich der Wunsch, andere Menschen an diesen »Augen-Blicken zwischen Himmel und Erde« teilhaben zu lassen.

ÜBER EUROPÄISCHEN LANDSCHAFTEN – SEGELFLUG ZWISCHEN DER SCHWÄBISCHEN ALB UND DER SIERRA GUADARRAMA

Schwäbische Alb – ein Markenzeichen für den Segelflug

Das Hochland zwischen Neckar und Donau ist nicht nur eine eigenwillig-schöne Naturlandschaft mit vielen sehenswerten Zeugnissen einer kulturgeschichtlichen Vergangenheit. Die herb-schöne Landschaft mit ihren markanten Formen und ihren weißen Kalksteinschichten begünstigen die Entstehung von thermischen Aufwinden wie kaum eine andere Region in Deutschland. Es ist daher fast natürlich, wenn über 30 Segelflugplätze auf der Alb zu finden sind und damit eine Flugplatzdichte erreicht wird, die noch nicht einmal vom Segelflug-freundlichen Südfrankreich übertroffen wird. Das gleichzeitige Naturerlebnis mit beachtlichen Strek-

Die Schwäbische Alb: Eine herbschöne Landschaft bietet dem Segelflug über 30 Flugplätze mit günstigen thermischen Bedingungen und Außenlandemöglichkeiten.

kenflugmöglichkeiten machen den besonderen Reiz dieser Region aus. Ein Flug etwa über das obere Donautal macht verständlich, daß Natur und Kultur in dieser Landschaft zusammengewachsen sind und verdienterweise in einem Naturpark geschützt werden. Die Vielseitigkeit der Alb ist wohl kaum noch zu übertreffen: Bis zu 200 Meter tief in das Juragestein eingeschnittene, windungsreiche Täler im oberen Donautal; weite Höhenzüge, die sich über 1000 Meter im südwestlichen Bereich mit Blick auf die bläuliche Bergwelt des Schwarzwaldes erheben, sowie die markanten Täler der Ostalb.

Landschaftseindrücke im Fluge werden immer intensiver empfunden als eine Besichtigung vom Boden aus. Ein Flug über den schroffen nordwestlichen Albrand vermittelt einen Abwechslungsreichtum sondersgleichen: Das geübte Fliegerauge läßt sich nicht nur von den einander ablösenden Wiesen, Wälder und Trokkentälern faszinieren, es erkennt auch unschwer die für den Segelflug so wichtigen topographischen Merkmale wie die sonnen- und windgünstigen Hänge der thermikintensiven Jurafelsen. Die zahlreichen Erhebungen mit ihren Burgen, Schlössern und Ruinen sind nicht nur Augenschmaus, sondern auch markante Wendepunkte für den Streckenflug. Wer trotz der hohen Flugplatzdichte eine Außenlandemöglichkeit benötigt, wird sicherlich genügend Äcker oder Wiesen finden, wo er – im Unterschied zu anderen Regionen – weitgehend problemlos landen kann. Wenn zu diesen Landschaftsmerkmalen noch eine überdurchschnittliche Inversionsfreiheit hinzukommt, und sich für Strekkenfluganfänger aufgrund der eindeutigen geographischen Ausrichtung von 60 – 240 Grad sich eine problemlose Orientierungshilfe anbietet, dann dürften auch kaum noch navigatorische Schwierigkeiten vorhanden sein. Zudem wird die Alb auf beiden Seiten von zwei markanten Flüssen begrenzt, die als Auffanglinien nicht zu übersehen sind.

Bei diesem sprichwörtlich natürlichen Segelflug-Angebot ist es kein Wunder, daß die Alb viele traditionsreiche und beliebte Flugplätze beherbergt. Dazu gehören der Hornberg, die Hahnweide und das Klippeneck, um nur die bekanntesten zu nennen. Sie nehmen in der Segelfluggeschichte einen herausragenden – und vor allem auch – internationalen Stellenwert ein, sei es durch gut organisierte Ausbildungsmöglichkeiten, international bekannte Wettbewerbe oder ihren Wert als beliebte Wochenend- und Ferienflugplätze.

Stellvertretend für alle Flugplätze der Schwäbischen Alb darf der Hornberg hervorgehoben werden, der als Segelflugschule des Badischen-Württembergischen Luftfahrt-Verbandes (BWLV) vielen Segelfliegern den Start in ein Fliegerleben ermöglichte. In fast 700 Meter Höhe über Normal-Niveau im östlichen Teil der Alb auf dem Ausläufer des »Kalten Feldes« gelegen, wurde die Flugschule unter der Leitung von Wolf Hirth in den Jahren 1930 – 1933 erbaut. Ihre bevorzugte thermische Lage, verbunden mit guten Hangflugmöglichkeiten an den von Südwest bis Nordwest reichenden Hängen,

Einer der es wissen muß: Der Europameister und zweifache Weltmeisterschafts-Teilnehmer Eberhard Laur erfliegt von der Alb aus überdurchschnittliche Leistungen und setzt neue Maßstäbe.

Wer besonders frühzeitig starten will, findet in Aalen-Elchingen auf der Ostalb den idealen Flugplatz mit einer guten Infrastruktur.

Auf einem Ausläufer des »Kalten Feldes« liegt in fast 700 Meter Höhe die internationale Segelflugschule Hornberg des Badisch Württembergischen Luftfahrtverbandes.

Die Alb zeigt, was sie zu bieten hat: Das beliebte Wochenend- und Ferien-Segelflugzentrum Klippeneck des Badisch Württembergischen Luftfahrtverbandes.

bietet gute Voraussetzungen für eine effiziente Schulung und den Einstieg in den leistungsorientierten Segelflug.
Alb-Kenner und Spitzenpiloten, wie beispielsweise Europameister Eberhard Laur, haben sich mit ihren hauptsächlich von der Alb aus erflogenen Leistungen bis zur zweifachen Weltmeisterschafts -Teilnahme qualifiziert. Piloten, die sich auf der Alb einfliegen wollen, können bei Laur erprobte Vorschläge einholen. Als Flugplatz mit einem möglichst frühen Startzeitpunkt – und das bedeutet für Alb-Verhältnisse ungefähr 9 Uhr 30 – empfiehlt Eberhard Laur Aalen-Elchingen auf der Ostalb. Wenn typisches Langstrecken-Wetter bei einer Nordost-Lage vorherrscht, lockt der Albrand mit einer klassischen Route über Urach, Übersberg, Farrenberg und weiter in Richtung Klippeneck, deren schneller Vorflug für viele größere Tagesaufgaben eine wichtige Voraussetzung ist.
Piloten wie Eberhard Laur setzen hohe Maßstäbe und zeigen auch, welche Leistungen von der Alb aus fliegbar sind. Dazu gehört beispielsweise sein 1005 Kilometer-Vieleck mit drei Wendepunkten, das er am 30. 5. 91 mit seinem Nimbus-4 erflog: Startort Laichingen um 9 Uhr 14, erster Wendepunkt Titisee-BHF, danach über die Fränkische Alb zum zweiten Wendepunkt

Nächste Seite: Als größter europäischer Segelflugwettbewerb lockt die Hahnweide unter der Leitung der Fliegergruppe »Wolf Hirth Kirchheim unter Teck e. V.« bis zu 100 Segelflugzeuge an den Start.

Furth im Wald (Böhmerwald), anschließend als dritter Wendepunkt zurück nach Titisee-Neustadt, um danach nach etwas über 9 Stunden wieder am Ausgangspunkt Flugplatz Laichingen zu landen. Bei einer Schnittgeschwindigkeit von fast 110 Kilometer/Stunde und einem Kurbelanteil von 19 Prozent stellt dies eine Spitzenleistung dar. Daran hat natürlich zuerst der Pilot seinen entscheidenden Anteil, aber Landschaft, Wetter und nicht zuletzt ein gutes Flugzeug gehören auch dazu. Eberhard Laur lobt die Verläßlichkeit, die homogene Verteilung und die relativ lang anhaltende Thermik der Alb, obwohl ihre durchschnittliche Basishöhe von ungefähr 1000 bis 1500 Meter über Grund keinen Piloten »vom Hocker reißt«. Die Steigwerte in der Thermik sind eher normal und Spitzenwerte daher schon seltener. Aber Eberhard Laur nutzt bevorzugt Wolkenstraßen, auch wenn sie manchmal mit Umwegen verbunden sind, und seine Flugtaktik schließt normalerweise ein Abfliegen von mehr als einem Drittel der Basis als »Arbeitshöhe« aus. Er bezieht in besonderen Situationen die zahlreichen Hangflugmöglichkeiten der Schwäbischen Alb in sein fliegerisches Kalkül mit ein, und er gesteht auch freimütig: Wettbewerbe befriedigen wohl seinen sportlichen Ehrgeiz, aber auf das fliegerische Erlebnis in einer eindrucksvollen Natur möchte er keinesfalls verzichten.

Trotz ihrer attraktiven Segelflugmöglichkeiten wird die Alb für Spitzenpiloten und ihre leistungsstarken Flugzeuge bei gutem Wetter zu klein. Wenn einmal ein 500 Kilometer-FAI-Dreieck geflogen werden soll und Stuttgart mit seinem Beschränkungsgebiet nicht berührt werden darf, bietet sich der Schwarzwald zusätzlich an. Auch hier hat Eberhard Laur eine erprobte Empfehlung: Start auf dem Schenkel in Laichingen entlang der Alb-Kante nach Südwesten und weiter über die hügelige Hochfläche der Baar, wo Alb und Schwarzwald aufeinandertreffen. Erster Wendepunkt ist Villingen-BHF, danach Abflug nach Norden über den Schwarzwald und anschließend weiter über den Kraichgau nach Bretten, dem zweiten Wendepunkt. Dann geht es zurück zur Schwäbischen Alb, um den dritten Wendepunkt in Harburg-Zementwerk zu umrunden. Danach wird wieder zum Flugplatz Laichingen zurückgeflogen. Natürlich bleibt die Alb nicht von Inversionen verschont, die verstärkt bei sehr trockenen Ost-Wetterlagen auftreten. Auch wer seine Flüge nach Nord-Osten in die Fränkische Alb erweitern will, muß zeitweise mit erheblichen Überentwicklungen rechnen. West-Wetterlagen sind auf der Alb weniger geschätzt. Wer jedoch die Alb zum Zwecke eines größeren FAI verlassen will, findet sich in einer günstigen Ausgangslage, denn in Verbindung mit Schwarzwald, Odenwald, Spessart, Thüringer Wald und der Fränkischen Schweiz bieten sich streckenfluggünstige Möglichkeiten, wobei die Fränkische Schweiz mit ihrer langanhaltenden Thermik den abendlichen Rückflug begünstigt.

Nicht unerwähnt bleiben darf der südliche Abflug von der Schwäbischen Alb mit Alpen-Anschluß, allein schon wegen seiner sportlichen und zugleich landschaftlichen Reize. Eberhard Laur hält auch hier einen Vorschlag für einen erlebnisreichen 700 Kilometer-Flug parat: Nach dem Start in Laichingen verläßt der Segelflieger über Blaubeuren in Richtung Memmingen allmählich die Alb und fliegt über Kempten ins Allgäu ein. Der Flug wird zum Schwarzen Grat und Tannheimer Tal fortgesetzt, um über Reutte in Tirol, dem Fernpaß und weiter über Innsbruck und Paß Thurn in Zell am See zu wenden. Der Rückflug erfolgt auf dem gleichen Weg. Eberhard Lauer landete nach 8 Stunden 8 Minuten wieder in Laichingen!

Die Geschichte des Segelflugs erfuhr auf der Hochfläche zwischen Neckar und Donau bedeutsame Impulse. Zum einen durch weltbekannte Konstrukteure und Segelflughersteller, zum anderen durch international anerkannte Piloten, die durch die bevorzugte Lage der Schwäbischen Alb fliegerisch besonders gefordert wurden. Wenn am Jahresende die Ergebnisse der Deutschen Meisterschaft im Streckenflug (DMSt) veröffentlicht werden, schaut so mancher Segelflieger, der nicht auf der Alb beheimatet ist, etwas neidisch auf die Liste, deren vordere Positionen vielfach durch Alb-Piloten besetzt sind.

Schwarzwald im Aufwind

Im Segelflug schwebt der Pilot über die sanftgeschwungenen Schwarzwaldhänge mit ihren markanten Erhebungen zwischen Hornisgrinde und Feldberg. Das Kapital des Schwarzwaldes sind seine Landschaften und seine weitgehend inversionsfreien Wetterlagen. Die Piloten der Rheintalflugplätze hätten in den heißen Sommermonaten wohl kaum eine Chance, den typischen Inversionsdeckel des Rheintales zu überwinden, wenn der Schwarzwald nicht die verlagerten Ab-

Die starke und oft bis über 2000 Meter reichende Thermik über den Schwarzwaldhöhen bietet gute Voraussetzungen für den Streckenflug. Bei südlichen bis südwestlichen Winden überlagern sich teilweise noch kleine Wellensysteme, womit Höhen von über 3000 Meter und mehr erreicht werden.

Frühmorgens liegt ein unwirklicher Zauber über der Landschaft, als hätte die Natur das Bild gemalt. Die Hornisgrinde als höchste Erhebung (1164 Meter) im Nordschwarzwald zeigt sich mit ihrem Vorgebirge über der Inversionsschicht des Rheintals.

Wellenflug über dem Schwarzwald.

flugpositionen für den Streckenflug bieten würde. Dazu gehören beispielsweise die Rote Lache oder die Bühlerhöhe, die im Flugzeugschleppbereich des Flugplatzes Baden-Baden liegen. Die Rheintalpiloten schauen daher an heißen Sommertagen etwas neidvoll nach Osten, wenn beispielsweise in Untermußbach bei Freudenstadt schon am Vormittag mit der Winde gestartet wird, während im Rheintal nur mit einem aufwendigen Flugzeugschlepp die Inversionswetterlage umgangen werden kann.

Die (ungefähr) 1000 Meter-Höhenlage des Schwarzwaldes mit ihrer klaren Luft begünstigt frühe Startmöglichkeiten mit entsprechenden Streckenflugleistungen. Gewiß, die Außenlandemöglichkeiten sind im Schwarzwald begrenzt, da er zu den deutschen Regionen mit den größten Waldflächen zählt. Doch bei entsprechender Flugtaktik – dem Verlassen der Streckenflugrouten in ausreichender Mindesthöhe – lassen sich noch genügend Außenlandemöglichkeiten am Ostrand erreichen, wo die Bewaldung im Gegensatz zur Westseite von geeigneten Wiesenflächen unterbrochen wird. Wer dies nicht beachtet, sollte besser über eines der zahlreichen Täler nach Westen in Richtung Rheintal abfliegen, wo nicht nur zahlreiche Außenlandemöglichkeiten vorhanden sind, sondern auch die bekannten Flugplätze. Trotzdem finden Insider immer wieder Möglichkeiten, auch in den Tälern zu landen, beispielsweise im Bereich Besenfeld des oberen Murgtales. Die beschränkten Außenlandemöglichkeit erfordern zugegebenermaßen, je nach Höhe der ausfliegbaren thermischen Wolkenbasis, gute Nerven. Die Ost-West-Ausdehnung, also die Breite des Schwarzwaldes, beträgt immerhin bis zu 30 Kilometern.

Der Schwarzwald darf nicht nur als Alternative zur Schwäbischen Alb gesehen werden, sondern vielmehr als Ergänzung, vor allem wenn es darum geht, für grö-

Nächste Seite: Licht-Blicke über dem Schwarzwald.

Viele Segelflugfreunde zieht es zum jährlichen Hotzenwald-Wettbewerb nach Hütten im Südschwarzwald; aber auch als Ferienflugplatz in einer noch weitgehend natürlichen Landschaft mit einer vorbildlichen Infrasturktur ist Hütten ein begehrter Startplatz.

D-0241

ßere FAI-Dreiecke (Federal-Aeronautic-Internationale = internationaler Luftsportverband) die meteorologischen und topografischen Vorteile beider Landschaften zu nutzen.
Doch auch für Ziel-Rückkehrflüge im 300 Kilometer-Bereich, beispielsweise vom Flugplatz Baden-Baden nach Olten im schweizerischen Aare-Tal, bietet sich der rund 150 Kilometer langgestreckte Nord-Südschwarzwald bei guten thermischen Aufwinden geradezu als Wegweiser an. Gewiß, im Bereich des Südschwarzwaldes oder im anschließend zu überquerenden Hochrheintal bis nach Olten kann durchgehend blauer Himmel ohne die begehrten Cumulus-Wolken herrschen; doch dies ist keinesfalls die Regel. Im Gegenteil, Jahr für Jahr zieht es viele Segelfliegerfreunde zum Hotzenwald-Wettbewerb in den südlichen Schwarzwald, denn der Flugplatz Hütten ist ein attraktiver Startplatz auch für ehrgeizige Piloten. Dieser Ruf kommt nicht von ungefähr, denn die verantwortlichen Organisatoren haben für die Region Südschwarzwald gerade wegen den erschwerten Außenlandemöglichkeiten einen speziellen Außenlandekatalog ausgearbeitet, der so manches Herzklopfen beim Überlandflug erspart.
Es ist noch gar nicht solange her, als mit weniger leistungsstarken Flugzeugen – dafür aber mit einem entsprechenden Rückholaufwand – bei sommerlichem Nordwind über dem Hauptkamm des Schwarzwaldes mit Segelflugzeugen vom Typ Ka 6 möglichst lange nach Süden geradeaus geflogen wurde, um entspechend viele Kilometer ins Flugbuch eintragen zu können. Ein klassisches Beispiel ist der (weit über) 400 Kilometer-Flug von Werner Waldenberger. Er flog von Karlsruhe-Forchheim über den Schwarzwald, überquerte die Rhein- und Aaretäler und flog entlang dem Schweizer Jura weiter bis nach Chamberry unterhalb des Lac de Bourget in der französischen Schweiz.
Die hochsommerliche Wolkenbasis über dem Schwarzwald liegt oft im 2500 Meter-Bereich über Normalniveau. Sie ermöglicht so bei kräftigen Aufwinden und einer Arbeitshöhe von ungefähr 1000 Meter einen schnellen Vorflug. Da der Schweizer Jura gewissermaßen die topografische Fortsetzung des Schwarzwaldes ist und eher noch bessere Aufwindverhältnisse bietet, liegt es nahe, bei guter Ausgangshöhe den südlichen Schwarzwald zu verlassen und über das Hochrheintal und das Aaretal hinweg den Jura mit seinen neuen und fortsetzenden Strecken-Flugmöglichkeiten zu besuchen.
Wer noch nicht im Besitz seines 300 Kilometer-Streckendiamanten ist, hat gute Chancen, zwischen Gengenbach oder Brandenkopf im Kinzigtal und über den Nordschwarzwald hinaus bis zum Melibocus vor dem Frankfurter Kontrollbereich auf einer bewährten Dreiecksstrecke sein Ziel zu erreichen. Dabei ist eine Außenlandung praktisch auszuschließen, denn das Rheintal bietet ungefähr im 20 – 40 Kilometerabstand genügend Flugplätze für eine normale Landung.
Nicht unerwähnt bleiben soll ein bereits erprobtes 512 Kilometer FAI-Dreieck für höhere Ansprüche. Es kann beispielsweise mit einem Start in Baden-Baden und mit verlagertem Abflugpunkt in der Nähe der Schwarzenbach-Talsperre beginnen, worauf der Pilot entlang der (morgens von der Sonne beschienenen) Ostseite des Schwarzwaldes in Richtung Süden bis zum ersten Wendepunkt des Flugplatzes Hütten/Hotzenwald vorfliegt. Danach fliegt er in Richtung Nordost mitten über die Schwäbische Alb bis zur Klosterkirche nach Neresheim, denn die Alb lockt ja mit ihren guten thermischen Aufwinden. Den Rückflug nach Baden-Baden erschwert allerdings das Beschränkungsgebiet des Stuttgarter Flughafens, wobei dieses Gebiet je nach Wetterlage nördlich oder südlich umflogen werden muß. Auf jeden Fall fordert dieser Parcours all jene Piloten heraus, die sich durch Kombination beider Landschaftsregionen ein FAI-Dreieck zum Ziele gesetzt haben. Falls in umgekehrter Richtung geflogen wird, sollte wegen der relativ häufigen Gewitterneigung im Südschwarzwald der letzte Wendepunkt mehr an den Ostrand des Schwarzwaldes gelegt werden. Piloten jedoch, die in Reiselfingen, Winzeln oder gar in Untermusbach starten dürfen, müssen sich bereits am Maßstab von 800 Kilometer-Streckenflügen orientieren, denn thermisch bieten diese Flugplätze aufgrund ihrer Ostrandlage besonders gute Voraussetzungen.
Wer die thermischen Normalhöhen verläßt und während den Herbst- und Wintermonaten in den Schwarzwaldwellen noch höher steigt, der wird mit einem überwältigenden Panoramablick belohnt: Im Süden begrenzen die herausragenden Konturen der Alpen den Horizont; im Osten lockt die Alb mit ihren weißen Jurafelsen. Die Wellenflugmöglichkeiten des Schwarzwaldes sind gerade in den Wintermonaten eine willkommene Abwechslung, um den Flugbetrieb über den Winter nicht voll unterbrechen zu müssen. Besonders bei Ost-

Schöne, weite Welt: Ab Höhen über 1500 Meter NN gibt der Schwarzwald den Blick auf die Alpen frei. Die Verlockung, zu neuen Horizonten aufzubrechen, wird unwiderstehlich.

Bei schwachen Wetterlagen bietet der Schwarzwald eine Aufwindkombination aus Thermik und Hangwind und ermöglicht damit beachtliche Streckenflüge.

wetterlagen bieten die Schwarzwaldwellen Höhen bis 5000 Meter über Normalniveau, sei es im Bereich der Schwarzenbach-Talsperre oder im Lee der Hornisgrinde. Auch das Kinzigtal und der südliche Teil des Schwarzwaldes bieten sowohl bei Ost- als auch bei Westwetterlagen interessante Wellenflugmöglichkeiten. Um diese Aufwindmöglichkeiten auch voll nutzen zu können, mußte bisher von Stuttgart-Radar (Frequenzen 118,6 und 119,20 Megahertz) eine Freigabe eingeholt werden, da die Flugfläche 100 (= 3050 Meter über Normal-Niveau bei 1013 Millibar) in Deutschland den Luftraum für den Segelflug nach oben begrenzt. Immer häufiger wurde und wird die Freigabe nur in Verbindung mit einem Transponder ausgesprochen, der normalerweise nicht zur Ausrüstung eines Segelflugzeuges gehört. Seit der Privatisierung der deutschen Flugsicherung besteht jedoch ein Angebot auch für den Nordschwarzwald – ähnlich wie bereits für den Thüringer und den Bayrischen Wald – ein Höhensegelfluggebiet bis FL 160 (5000 Meter NN) freigegeben wird, welches zum Beispiel von der Flugleitung Baden-Baden in Zusammenarbeit mit der Flugsicherung Stuttgart betreut wird. Die Planung wurde auch hier bereits verwirklicht. Damit sind in einem definierten Bereich des Nordschwarzwaldes die Wellenaufwinde im Luftraum C ohne Transponder erfliegbar.

Die grenzenlose Freiheit über den Wolken ist schon längst Geschichte geworden, es sei denn, man sucht

Wer weiß, daß die Sonne wieder aufgeht, kann die Dunkelheit besser ertragen.

sich neue Freiräume in den südlichen Ländern. Aber auch dort muß inzwischen mit Beschränkungen gerechnet werden.
Wer fliegerisch auf einem Rheintalflugplatz zu Hause ist und sich durch die sommerlichen Inversionswetterlagen benachteiligt fühlt, wird durch das Herbst- und Winterangebot des Schwarzwaldes entschädigt. Die herbstlichen und winterlichen Südwestwinde mit ihren streckenorientierten Hangflugmöglichkeiten oder gar Wellenflügen bei kräftigem Ostwind beschränken die Flugsaison nicht auf Frühjahr und Sommer. Die Aufwinde des Schwarzwaldes sind nicht nur vielfältig, sie sind vor allem ganzjährig in irgendeiner Variante vorhanden. Sie geben dem Segelflug zu jeder Jahreszeit eine reelle Chance. Piloten, die sich bisher mit dem Schwarzwald nicht so richtig anfreunden konnten, haben sicherlich nicht die entsprechende Flugtaktik gefunden. In jede Landschaft muß der Pilot sich zuerst einmal einfliegen. Auch der Schwarzwald bildet keine Ausnahme, aber dafür kann er zu einem unvergesslichen Flugerlebnis werden. Die Sieger des seit 1990 stattfindenden Schwarzwald-Cup-Wettbewerbes können dies sicherlich bestätigen.

Alpine Impressionen

Es müssen nicht immer die Superlative der Achttausender sein, um die eindrucksvolle Schönheit der Bergwelt im Fluge zu erleben, die »kleinen« Viertausender der europäischen Alpen haben auch etwas zu bieten. Alpenflüge zählen zu den unvergeßlichen Flugeindrükken, bei denen das Naturerlebnis einen Höhepunkt erreicht. Es ist gewiß kein Zufall, wenn Piloten und Bergsteiger gleichermaßen fasziniert sind. Doch der Alpinist

Alpine Segelflüge zählen zu den Höhepunkten des Fliegerlebens. Die Landschaft aus Fels, Eis und Schnee wird zum eindrucksvollen Naturerlebnis.

unter den Piloten kann sich den Viertausender auch von oben anschauen. Jeder Flug überrascht mit neuen Perspektiven und Eindrücken und man wird nicht müde, die wohl einzigartig schöne Naturlandschaft immer wieder neu zu entdecken.
Doch der Blick von oben – besonders der aus der Flugperspektive – läßt die Alpen auch als zunehmend gefährdetes Naturreservat erkennen. Die ökonomische Belastbarkeit des Alpenraumes ist offensichlich an ihre Grenzen gestoßen. Über 100 Millionen Urlauber, die Erholung und Abenteuer im Gebirge suchen, hinterlassen ihre Spuren. Straßen und Eisenbahnlinien erschließen inzwischen die unzugänglichsten Winkel und erreichen die letzten natürlichen Lebensräume für Menschen und Tiere. Tourismus als Wirtschaftsfaktor steht im Widerspruch zur Überforderung der Natur durch das Freizeitverhalten der Urlauber. Wenn für Skipisten und Lifttrassen zur Erschließung neuer Freizeiträume wertvolle Waldgebiete abgeholzt werden, durch hohe Verkehrsbelastung die Waldschäden sich häufen und Bergstürze und vermehrte Lawinenabgänge infolge einer umweltbedingten Klimaveränderung die Landschaft gefährlich verändern, spätestens dann zeigt die Natur ihre warnenden Signale.
Berge sind mehr als nur ein touristisches Freizeitobjekt. Mit ihren natürlichen Süßwasserspeichern und ihrem Lebensraum für zahlreiche Tier- und Pflanzenarten sind sie auch wichtiger Bestandsteil eines weltweiten Ökosystems. Die Schaffung von Nationalparks ist sicherlich ein guter Anfang, die Natur vor schädlichen Eingriffen des Menschen zu bewahren. Wer mit solchen Gedanken und einem lautlosen Segelflugzeug über die Gipfel der Berge dahinschwebt, gelangt zu der Überzeugung, daß wir Menschen die Natur mehr respektieren müssen. Immer wieder wird man an die Tatsache erinnert, daß die Natur den Menschen nicht

Die Narben der Natur sind in vielen Bergregionen nicht mehr zu übersehen.

Respektvoller Vorbeiflug an gewaltigen Schneebalkonen mit ihren vorprogrammierten Lawinen. Was ist gefährlicher: Segelfliegen oder Bergsteigen? Alpine Gefahren sind vermeidbarer, wenn der Mensch dem Abenteuer Natur respektvoller begegnet.

braucht, der Mensch aber ohne die Natur nicht existieren kann. Friedrich Nietzsche hat es so formuliert: »In der Natur fühlen wir Menschen uns wohl, weil sie kein Urteil über uns hat«. Ob er diesen Satz auch im Zeitalter der Wasserstoffbombe gesagt hätte, darf allerdings bezweifelt werden.

Ein fotografierender Pilot, der sich von der überwältigenden alpinen Berglandschaft überraschen läßt, kann sich überfordert fühlen. Denn die Kamera wird nur den visuellen Eindruck wiedergeben, das tiefere Naturerlebnis aber kann sie nicht vermitteln. Wer wie ein »Alpinist mit Flügeln« im Segelflug in die bizarre Welt der Felsen und des Eises eindringt, wer lautlos wie ein Steinadler den steilen Felswänden entlanggleitet, dem werden die Augen für die Natur geöffnet. Aus Sehen wird Erkennen, das sich bis zum Erlebnis steigert.
Je höher das Flugzeug in den Föhnwellen steigt, umso schneller sind die Turbulenzen des Aufstieges vergessen. Der Horizont weitet sich und der Blick wird frei auf eine neue Welt, eine Gipfelwelt aus Fels, Eis und Schnee. Die Berge erscheinen wieder friedlich und ein Hauch von tiefer Einsamkeit und Ruhe liegt über der Landschaft. Wenn die Natur solch ein unvergleichliches Panorama bietet, können auch einmal dem nüchternstem Piloten die Augen überlaufen. Der fliegende Mensch erreicht die Grenze seiner Erlebnisfähigkeit. Beim Anblick der hohen Gipfel und der abfallenden tiefschattigen Täler kommen schon fast philosophische Gedanken auf, denn sie symbolisieren den Lebensweg, den jeder von uns durchläuft. Die Natur zeigt dem Menschen die Gratwanderung seines Lebens.
Egal ob man an der Himmelsleiter des Bianco Grates, am Matterhorn oder an den Gletschern des Mont Blanc vorbeifliegt, das Panorama ist nicht mehr zu überbieten: Die weißen Schnee- und Eisriesen präsentieren sich vor einem tiefblauen Himmel wie in einer Symphonie aus Blau und Weiß. Bei Piloten und Bergsteigern kommt das Gefühl auf, die Natur aus einer bevorzugten Position besichtigen zu dürfen.
Zwischen Start und Höhenflug überraschen die vier

Die Zivilisation bahnt sich ihren Weg: Paßstraße am Stilfser Joch.
Nächste Seite: Nicht selten begegnen sich Segelflieger und Bergsteiger. Der Drang, nach oben zu kommen, ist beiden gemein.

DER WEG IST STEIL
STEH EINEN AUGENBLICK STILL,
DIE HAST DER WELT
MACHT DICH NICHT GLÜCKLICH.

Engadiner Spruch

Jahreszeiten: Auf dem Talboden neben der Startbahn blühen die Blumen, und oben bei den schnee- und eisbedeckten Berggipfeln wird man vom Winter eingeholt. Die Sommersonne läßt die heiße Luft an den steilen Felswänden flimmern. Mit ihrer thermischen Urkraft werden auch die höchsten Alpengipfel im Segelflug überstiegen. Bei Hochdruck-Wetterlagen scheinen die weißen Giganten zu schlafen, doch beim Föhnsturm kämpft der Pilot mit den Naturgewalten. Spätestens in den Rotoren strafft er die Anschnallgurte, doch wenn er die Lenticularis-Wolke in 7000 Meter und höher übersteigt, wird die Luft wieder ruhig und ausgeglichen. Die würgende Angst, vom Abwind der Berge eingeschlossen zu werden, ist fast vergessen. Die Temperatur von -32 Grad C auf seinem Bordthermometer läßt ihn im wahrsten Sinne des Wortes kalt, denn trotz der eisigen und sauerstoffarmen Höhe öffnet sich vor seinen Augen ein Bilderbuch: Eine weiße Gipfelwelt von gigantischem Ausmaß weitet sich bis in die Ferne, wo die Einsamkeit den Horizont berührt. Ein Zauber liegt über der Landschaft und man erfühlt die Harmonie mit der Natur. Ein Flug wandelt sich in Besinnung, und in Dankbarkeit wird der Abstieg und der Heimflug eingeleitet. Eine Vision wurde Wirklichkeit.

Oldtimer unter sich: Ein Spalinger landet neben einem Blanik zwischen den Schweizer Bergen.

Wer es genau wissen will, muß schon etwas tiefer fliegen – dann zeigt die Natur auch ihre Details.

Mit der Sonne von Ost nach West

Die Begeisterung für den alpinen Segelflug bliebe unvollständig, wenn man nicht die Vorteile und die Bedeutung des Streckenfluges im Hochgebirge hervorheben würde. Da die Oberflächenbeschaffenheit und die geographische Lage der Gebirgszüge für die Entstehung der Aufwinde bestimmend sind, erwarten den Piloten hier in aller Regel bessere Flugbedingungen als im Flachland. Zudem bewirken die der Sonne zugeneigten Berghänge eine höhere Energieaufnahme, was frühe und intensivere thermische Aufwinde zur Folge hat. Die großen Alpenstreckenflüge beginnen nicht von ungefähr in den österreichischen Ostalpen und führen entlang dem Enns- und Salzachtal mit dem »Pinzgauer Spaziergang« zu überdurchschnittlichen Streckenleistungen. Wer noch weiter fliegt und via Imst und Landeck oder gar über den Reschenpaß ins Unterengadin einfliegt und im Oberengadin am Muottas Muragl seinen Wendepunkt fotografiert, hat sich eine der klassischen Ost-Weststrecken der Alpen ausgesucht. Je nach Tageszeit, wenn die Felswände immer zuverlässiger tragen, ist es sinnvoll, zugunsten einer hohen Schnittgeschwindigkeit erst gar nicht die Basishöhen

OE-5278
LS3
R5
HC

Die zentrale Lage von Niederöblarn begünstigt vor allem die klassischen Streckenflüge entlang dem Enns- und Salzachtal.

weit über den Gipfeln auszufliegen. Nur wenn weite unlandbare Strecken überquert werden müssen, ist es ratsam, die Flugtaktik wieder zu ändern und die maximal erreichbaren Höhen auszufliegen.
Das österreichische Angebot von 42 Zivilflugplätzen – größtenteils in den schönsten Alpenregionen gelegen – erlaubt alpine Segelflugmöglichkeiten, die keine Wünsche mehr offen lassen, es sei denn, man hat das Pech und erwischt einmal eine Schlechtwetterperiode der Alpennordseite. Natürlich ist – im Vergleich zu den mittleren Alpen – das Wetter in Südfrankreich nicht so risikoreich, dafür sind aber die Steckenflugnavigation und die Landemöglichkeiten in den französischen Seealpen schwieriger. Die bekannte österreichische Union-Alpenflugschule in Niederöblarn/ Steiermark bietet ein Programm, das sowohl Einsteiger als auch alpenerfahrene Piloten anspricht. Sie vertritt das passende Motto: »Wer seinem Leben Flügel gibt, beschert sich ein nie gekanntes Erfolgserlebnis.«

Flugplatz Niederöblarn am Hausberg Grimming – ein beliebter Startplatz in Österreich für den alpinen Strecken- und Erlebnisflug.

Das nahegelegene fast 3000 Meter hohe Dachstein-Massiv im Gleitwinkelbereich von Niederöblarn ist für jeden Segelflugpiloten ein magischer Anziehungspunkt.

Zell am See mit dem Hausberg Schmittenhöhe im Vordergrund. Zentraler Startplatz in Österreich für Streckenflüge nach Ost und West.

Nach dem Start in Agathazell: Die Aufwindchancen am Hausberg Grünten läßt sich keiner entgehen.

Auch die deutsche Alpensegelflugschule Unterwössen (DASSU) mit ungefähr 30 000 Schulstarts pro Jahr ist für alpenorientierte Einsteiger und Leistungspiloten eine gute Adresse. Mitten in der herrlichen Bergwelt des Chiemgaues gelegen, gehört der fliegerische Anschluß an die klassischen Alpenstrecken zum Standardprogramm, wobei beispielsweise das 500 Kilometer-Dreieck über Imst und Aigen einen fliegerischen Höhepunkt darstellt. Für Anfänger ist die nahegelegene Gescheurer Wand als »Haushang« eine zuverlässige Aufwindquelle. Hier kann im Übungsflug Flugzeit gesammelt werden oder der streckenfluginteressierte Pilot benutzt sie als Sprungbrett um tiefer in die Alpen einzufliegen. Eine kompetente Flugschule wie Unterwössen spricht mit folgendem Grund- und Lehrsatz alle Piloten an: »Der Alpensegelflug ist die Krönung des Se-

Nächste Seite: Der Alpenflug zieht jeden Piloten in seinen Bann. Die Anforderungen sind im Vergleich zum Fliegen im Flachland höher, dafür steigert sich aber auch der Erlebniswert.

IZ
D-0950

gelfluges, nicht nur wegen seiner geländebedingten Schwierigkeit, sondern vor allem wegen des intensiven Erlebnisses des Fliegens, das nirgendwo stärker ist als im Segelflugzeug inmitten himmelragender Berge. Dieses Erlebnis sollte nicht dem Streben nach Höchstleistungen untergeordnet werden«. Besonders dem natursensiblen Segelflugpiloten erschließt sich die alpine Landschaft in ihrer noch weitgehend ursprünglichen Schönheit, die – trotz immer wieder neuer Eindrücke – bleibende Erinnerungen hinterläßt.
Auch viele kleinere Segelflugplätze im Bereich der deutschen Alpenregion sind nicht minder interessant, sei es wegen ihrem günstigen Zugang zu den klassischen Alpensegelflugstrecken oder ihrem Ferienangebot an Vereine. Wer beispielsweise im Agathazeller Moos – dem südlichsten Flugplatz Deutschlands – an der Winde startet und am Hausberg Grünten seine Ausgangshöhe tankt, um in die Allgäuer Alpen weiterzufliegen, den erwartet eine alpine Landschaft von außergewöhnlicher Schönheit. Ein Flug über die eigenartigen Grasberge legt die zahlreichen Wanderwege und Seilbahnen des modernen Tourismus offen. Das Adlerauge eines Segelflugpiloten erkennt aber auch, daß die ökologische Belastbarkeit des Alpenraumes in vielfacher Hinsicht an ihre Grenzen gestoßen ist. Der in die Wiesen eines Landschaftsschutzgebietes integrierte Flugplatz im Agathazeller Moos liefert andererseits einen Beweis für die Verträglichkeit und Anpassungsfähigkeit des naturnahen Segelflugsports in einer sensiblen Umwelt.

Samedan – Segelflugparadies in 1700 Meter Höhe

Die Schweizer Alpen, auch das »Herzstück der Alpen« genannt, stellen nicht nur von ihrer geografischen Lage her ein zentrales Angebot für den Segelflug dar. In der internationalen Geschichte der alpinen Fliegerei nehmen schweizer Piloten einen hohen Stellenwert ein. Hermann Schreiber überquerte erstmals 1935 auf der

Europas höchster Flugplatz: In 1707 Meter Höhe zeigt sich der Flugplatz Samedan im Oberengadin vor dem imposanten Bernina-Massiv.

Bis zu 60 Segelflugzeuge werden in relativ kurzer Zeit in Samedan mit der Winde gestartet. Der benachbarte Campingplatz ist nur für Segelflieger reserviert.

Strecke Jungfrauenjoch – Domodossola – Bellinzona in einem Condor die Alpen, eine fliegerische Leistung, die als Pioniertat zu werten ist. Damit war eine Epoche eingeleitet, die den alpinen Segelflug bis in unser motorisiertes Zeitalter zu einer Herausforderung werden ließ, denn ohne Motor den alpinen Naturkräften zu begegnen, war für den Menschen schon immer eine besondere Herausforderung.

Die alpinen Segelflugmöglichkeiten der Schweiz sind so vielseitig wie das Angebot ihrer Berge hinsichtlich Topografie und geografischer Lage. Nicht von ungefähr fand 1948 im oberengadinischen Samedan, dem mit 1707 Meter höchstgelegenen Flugplatz Europas, die zweite FAI-Segelflugweltmeisterschaft statt. Viele Flachlandflieger hatte sie damals allerdings überfordert.

Nächste Seite: Im Hangwind des Hausberges Muottas Muragl mit Blick auf St.Moritz und die Oberengadiner Seenplatte.

An der Geschichte des Alpensegelfluges ist die Schweiz mit hervorragenden Piloten und einer Segelflug-Weltmeisterschaft im Jahre 1948 in Samedan beteiligt.

Wer in Samedan startet und mit dem Malojawind am Muottas Muragl und seiner thermischen Fortsetzung über der Bergbahnstation sich genügend Ausgangshöhe erfliegt, vor dem liegt ein überwältigendes Angebot. Ob der Pilot die Gletscher im 4000 Meter hohen Berninamassiv entdeckt, über der in der Höhensonne flirrenden Oberengadiner Seenplatte seine Kreise zieht oder über den Nationalpark zum Ofenpaß fliegt, das alpine Flugerlebnis ist kaum noch zu steigern. Kontrastreicher kann sich eine Landschaft nicht mehr darstellen: Auf dem Talboden lockt inmitten grüner Bergwiesen das mondäne St.Moritz und oben zwischen Himmel und Erde erwartet den Piloten ein Panorama aus Fels, Eis und Schnee – eine wahre Traumlandschaft, die man sich allerdings erfliegen muß!
Selten wurde eine Kultur- und Naturlandschaft in Wort und Bild so begeistert beschrieben wie das Engadin. Maler und Fotografen entdecken immer wieder neue Perspektiven und werden nicht müde, seine einzigartigen Reize immer wieder neu zu entdecken. Welcher Segelflugpilot möchte eine solche Landschaft nicht einmal unter seinen Flügeln haben?

Das Engadin ist das größte und längste Tal der Alpen, das sich zwischen einer Höhenlage von 1815 Meter (Maloja-Pass) bis hinunter auf 1086 Meter (Vinadi) nahe der österreichischen Grenze erstreckt. Im oberen Teil des Tales hat die Eiszeit eine Seenlandschaft hinterlassen, die der Engadin-Maler Giovanni Seganntini begeistert umschrieb: »Von allen Gegenden, die ich kenne, ist sie am reichsten an Schönheit und Abwechslung«.

Die Verantwortlichen des Flugplatzes Samedan haben deshalb dem Segelflug einen entsprechenden Stellenwert eingeräumt. Die Koordination zwischen der General Aviation und den neuerdings bis zu 60 startenden Segelflugzeugen verläuft weitgehend problemlos. Startverzögerungen gibt es nur, wenn der Malojawind verspätet einsetzt. Aber jeder Streckenflug-interes-

Ohne die wertvolle Hilfe der Fliegerfrauen würde sich so mancher Start verzögern oder erst gar nicht stattfinden.

sierte Pilot kann trotzdem an die Winde und sich zwecks möglichst früher Startmöglichkeit einen sonnenbeschienen und damit aufwindversprechenden Hang aussuchen. Die von der Flugplatzverwaltung veröffentlichte Dokumentation der Außenlandeplätze ist vorbildlich, ebenso wie das Rotationsschema für eine gerechte Startreihenfolge. Doch die Entscheidung, welches Flugerlebnis der Pilot sich zur Tagesaufgabe wählt, ist nicht einfach: einerseits lockt die hochalpine Bergwelt mit ihren Gletschern, andererseits spürt der ehrgeizige Pilot die Herausforderung zum alpinen Streckenflug. Im Flachland fällt diese Entscheidung wohl leichter. Aber hier, im schönen Engadin, ist diese Abwägung schon schwieriger, weshalb der Fliegerurlaub nicht lang genug sein kann, um vielleicht beide Flugvarianten erleben zu dürfen.

Das Engadin ist von der Natur verwöhnt und mit Sprache allein ist dieses Naturerlebnis nicht vermittelbar. Erst in Verbindung mit einer »fliegenden Kamera« und der fotografischen Sensibilität für eine noch weitgehend unberührte Landschaft entstehen tiefe Eindrücke, denn Bilder sind durch Worte nicht zu ersetzten...

Engadin – Fliegen im Schaufenster der Natur

Kein Segelflugpilot sollte ohne Sauerstoffanlage im Flugzeug nach Samedan kommen. Die Wahrscheinlichkeit, in die Wellenaufwinde des Engadins einzustei-

Eine AS H25 mit der Crasta Mora im Hintergrund kann flugbegeisterten Passagieren das Engadin erst vollständig vermitteln. Für viele Samedan-Urlauber erfüllt sich damit ein Traum, denn wer wandert will auch mal die Bergwelt und ihre Wanderwege von »oben« sehen.

Eine ASW 19 nützt die kräftigen aber turbulenten Aufwinde am Piz Mezzaun. Wenn die Kammhöhe überstiegen ist, läßt die Turbulenz der Aufwinde nach und neue Ziele können angeflogen werden.

gen, kann in jedem Fliegerurlaub zur reellen Chance werden. Das morgendliche Warten auf den von Surfern und Segelflugpiloten gleichermaßen begehrten Malojawind – der auch als »unlogischer« Wind bezeichnet wird, weil er vom Malojapaß her abwärts des Inntals über die oberengadinische Seenplatte in Richtung Flugplatz Samedan strömt – stellt viele Piloten auf eine harte Geduldsprobe. Nicht selten stehen die Windsäcke an den beiden Startbahnenden in undefinierten Richtungen, so daß die Aufstellung der Seilwinde hinausgeschoben wird. Wenn der Windenstart dann doch letztendlich in Startrichtung 21 aufgebaut wird, da der südliche Windsack bereits eindeutig den Malojawind anzeigt, steht noch lange nicht fest, ob am Hang des Hausberges Muottas Muragle auch ein tragfähiger Hangwind anzutreffen ist. Der erste Start wird daher als »Absaufrisiko« mit einem Einsatz von 30 Fränkli gesehen, der meistens von jenen Piloten wahrgenommen wird, die aufgrund des Rotationsschemas für eine geordnete und gerechte Startreihenfolge an diesem Tag eine späte Startposition haben. Doch den Insidern glückt meistens der Start, auch wenn aufgrund von Scherwinden morgens nur eine Schlepphöhe von annähernd 300 Meter erreicht wird.

Nach dem Ausklinken wird auf der westlichen Inntalseite die von der Vormittagssonne angestrahlte Alp Muntatsch angeflogen. Es gibt dort thermische Abreißkanten, die dem Piloten das gefährliche Kreisen in Hangnähe ersparen. In engen Achterschleifen wird genau so effektiv die Hangoberkante erreicht, um danach thermisch kreisend die Ausgangshöhe zum Vorflug an die felsige Südost-Seite der fast 3000 Meter hohen Crasta Mora zu erreichen, wo endgültig das Obenbleiben gesichert ist. Doch inzwischen bläst auch schon der klassische Malojawind den Muottas Muragl mit 1 – 2 Meter/Sekunde Steigen an, und ohne das Aufwindrisiko der ersten Starts gelangen bis 14 Uhr zirka 50 Segelflugzeuge problemlos in die Luft.

Auch mir glückte an einem Julitag mit noch blauem Himmel der frühe Start. Ich konnte mich relativ problemlos über die Alp Muntatsch an den sonnenbeschienen Felshang der Crasta Mora vorarbeiten, um

Mit dem Piz Palü setzte sich die Natur selbst ein Denkmal. Auf dem vorderen Grat sind die Aufstiegsspuren der Bergsteiger zu erkennen, die sich durch die Schneewächte hindurch fortsetzen.

Ein im Bereich des Gleitwinkels von Samedan gut erreichbares Flugerlebnis – die drei Bergschönheiten im Oberengadin: Piz Bernina (4049 Meter), Piz Roseg (3937 Meter) und im Vordergrund der Tschierva (3545 Meter).

dort ein akzeptables Steigen anzutreffen. Nach Erreichen von ungefähr 1000 Meter über Grund – also noch unterhalb des Berggipfels – verzichtete ich auf das Ausfliegen bis zum Gipfel. Meine Ausgangshöhe war erreicht, um den im Südosten liegenden Schafberg bei Pontresina anzufliegen. Obwohl ich weit unterhalb der Segantinihütte ankam, blieben die typischen Schafbergturbulenzen in akzeptablen Grenzen, was aber auch bedeuten konnte, daß die allgemeine südliche Windströmung noch nicht eingesetzt hatte. Nur wenige Male kreisend flog ich weiter in Richtung Piz Languard, um weitere Ausgangshöhe zu gewinnen. Vor mir lockte das Panorama einer wildschönen Berglandschaft mit dem 4049 Meter hohen Gipfel des Berninamassives. Wie ein Magnet zieht er Bergsteiger und Segelflugpiloten gleichermaßen in seinen Bann, aber jeder entdeckt und erlebt die Berge auf seine Weise. Auch ich konnte der Verlockung nicht widerstehen. Doch meine damalige Ausgangshöhe mußte noch verbessert werden, denn die Aufwindverhältnisse unmittelbar im Massiv haben mich auch schon äußerst negativ überrascht. Ohne entsprechende Ausgangshöhe wollte ich deshalb den Vorflug nicht wagen.
Der Gipfel des 3262 Meter hohen Piz Languard wurde

Als einzigartige Firnscheide verlockt der Bianco-Grat als »Himmelsleiter« gleichermaßen Bergsteiger und Segelflieger. Im Hintergrund der Gipfel des Piz Bernina.

thermisch überrundet, denn ähnlich einem Bergsteiger verspürt man den Drang, den Gipfel zu »bezwingen«. Die Höhe reichte damit aus, um ins Berninamassiv vorzufliegen, doch das Angebot der vielen vor mir liegenden Bergschönheiten erleichterte nicht gerade die Entscheidung bezüglich der optimalen Anflugroute. Zur Linken lockte der Piz Palü mit seiner imposanten Schneewächte, zur Rechten zeigte sich der fast 4000 Meter hohe doppelgipfelige Piz Roseg geradezu als überdimensionale weiße Plastik mit auffallend harmonischen Konturen. Dazwischen lag der Piz Bernina mit dem vorgelagerten Biancograt, den ich mir letztendlich als vorläufiges Ziel aussuchte, denn möglicherweise mußte ich auch damit rechnen, aufgrund fehlender Aufwinde sofort wieder umkehren zu müssen. Nicht zum erstenmal haben mich 5 – 7 Meter/Sekunde-Fallwinde auf dem direkten Vorflug unfreundlich empfangen und mich enttäuscht wieder nach Hause geschickt. Da ich mir über Windrichtung und Windstärke nicht ganz im

Nächste Seite: Die Natur als Bildschöpfer – eiskalte Formen und Konturen zwischen Licht und Schatten.

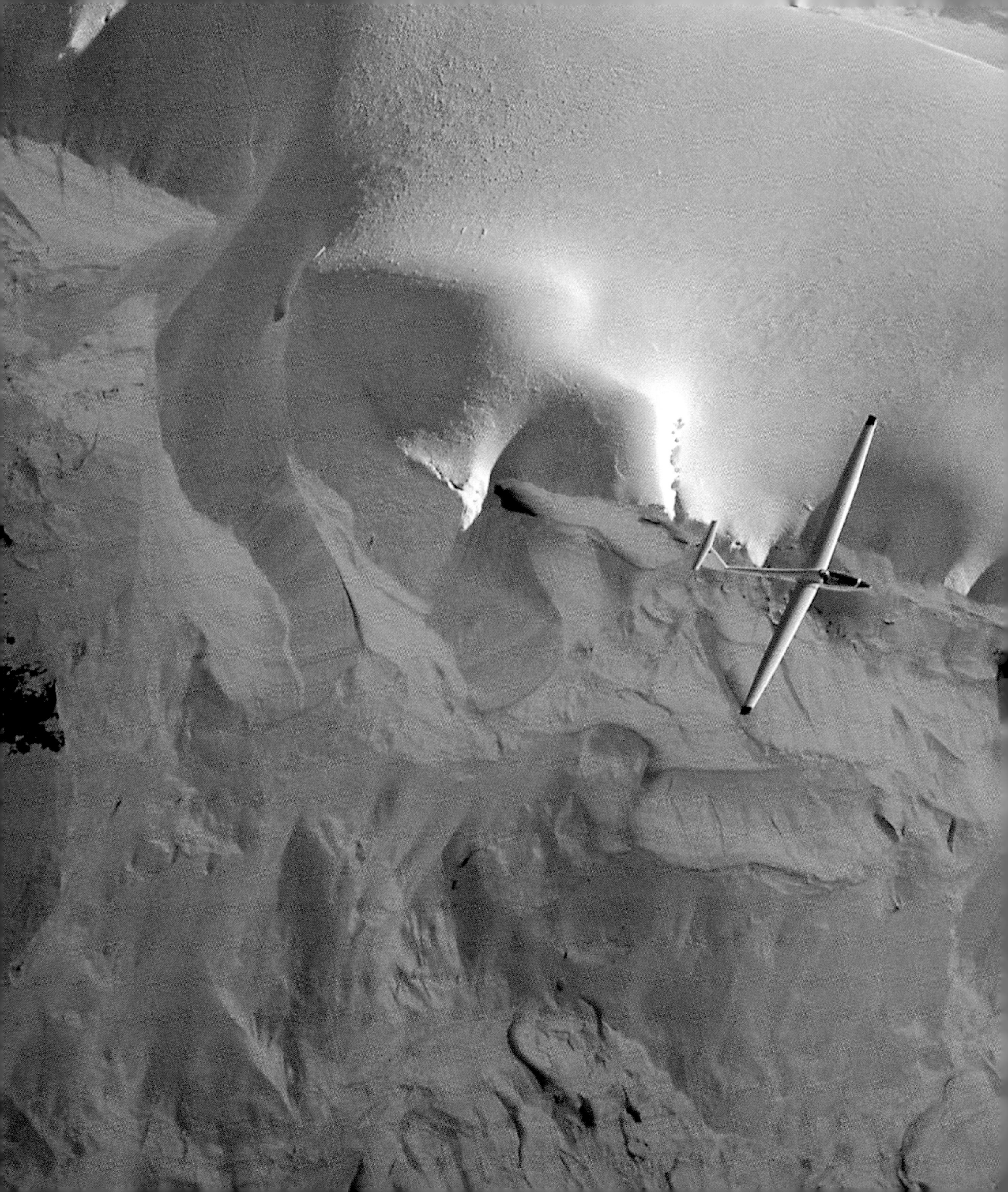

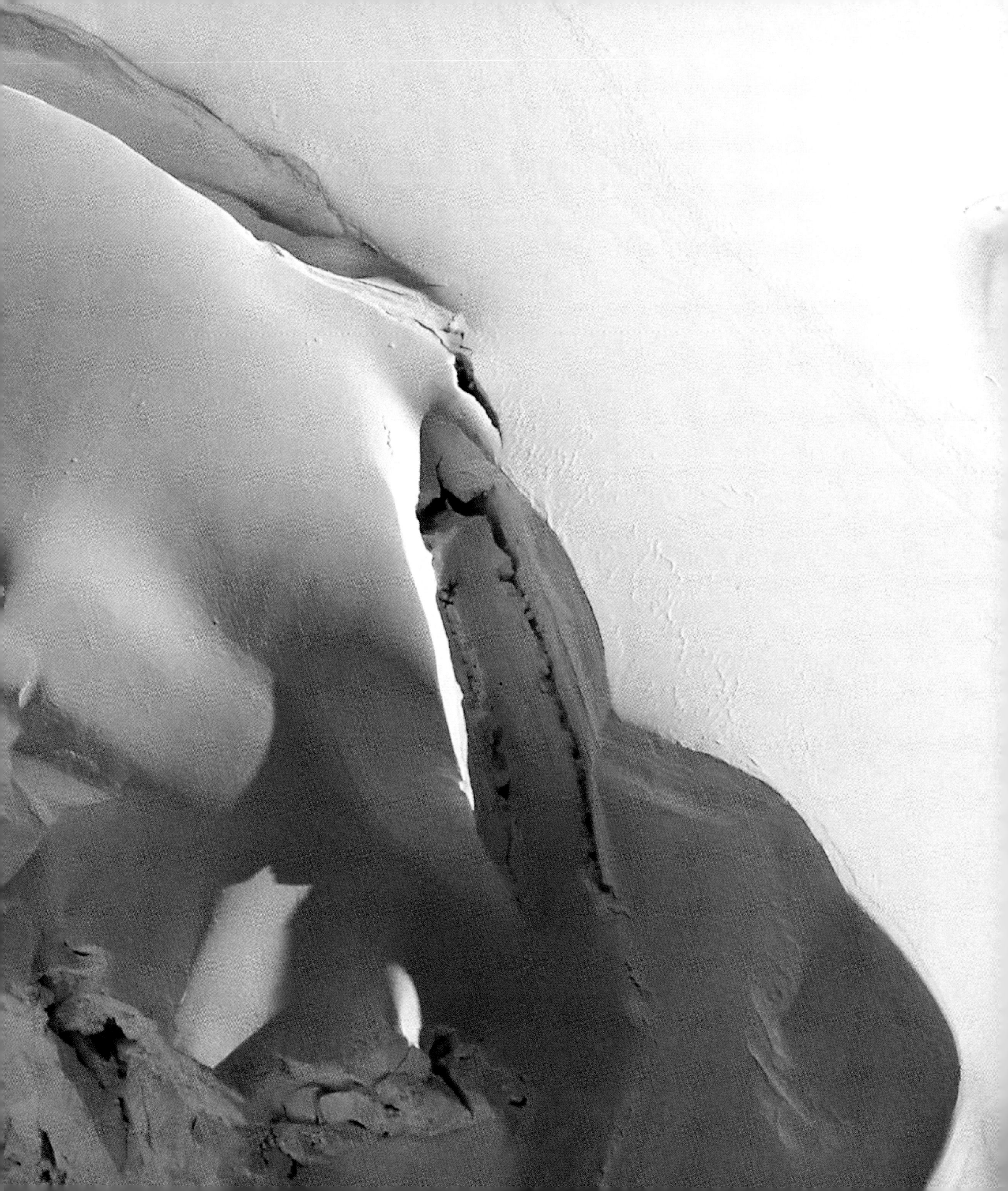

klaren war, wählte ich den schon fast klassischen Weg über das Rosegtal, um an die Südseite des Tschierva zum vorgelagerten Piz Morteratsch (3751 Meter) zu gelangen. Die Abflughöhe am Piz Languard sicherte mir entlang dem Grat des Chalgagn ein problemloses Anfliegen zum Tschierva, wobei ich immer wieder die thermischen Ablösungen mitnehmen und dadurch auch meine Ausgangshöhe annähernd halten konnte. Entspannt erreichte ich die Südseite des Tschierva in 3500 Meter. Die Autorität der mich umgebenden Bergriesen nahm ich in meinem kleinen Flugzeug ruhig aber respektvoll zur Kenntnis, der nur wenige hundert Meter unter meinen Flügeln sich nähernde Tschierva-Gletscher lehrte mich mit seinen eiskalten und tiefen Gletscherspalten schon eher das Fürchten. Dabei wurden Erinnerungen an eine Gletscherlandung wach, die es wert sind, überliefert zu werden, denn der Alpensegelflug hat gegenüber dem Fliegen im Flachland seine eigene Fluggeschichte. Das Kapitel »Die Gletscherpremiere« (siehe Seite 136) läßt dieses damals viel diskutierte Ereignis nochmals aufleben; denn Fliegen soll kein risikofreudiges Abenteuer sein, sondern vielmehr eine kalkulierbare sportliche Disziplin.
Als ich die bedrohliche Eiswelt des Tschierva-Gletschers respektvoll betrachtete und mir dabei vorstellte, auf seiner für mich total unbekannten Oberfläche landen zu müssen, lief mir ein Schauer über den Rücken. Dieses Erlebnis blieb mir als Mahnung haften: Besser taktisch richtig und auch mit entsprechenden Reserven fliegen – als abenteuerlich auf einem Gletscher landen! Alpine Piloten werden im Unterschied zu Fliegern im Flachland nicht nur mit einer extremen Landschaftsform konfrontiert, sondern auch mit Wetterverhältnissen, die das Fliegen im Hochgebirge zu einer nicht zu unterschätzenden Herausforderung werden lassen. Aber wer die sicherlich erhöhten Aufwindchancen der Alpen nutzen will muß aber auch bereit sein, kalkulierbare Wetterrisiken anzunehmen.
Obwohl der Anblick des nahen Tschierva-Gletschers Nervenstärke verlangte, war die Flugsituation bezüglich meiner verfügbaren Höhe noch weitgehend normal, mein Gleitwinkel sicherte mir die notwendigen Reserven. Ich steuerte meine LS3 weiter an den oberen Rand des Gletschers mit dem Ziel, am Biancograt oder an der Sonnenseite des Piz Bernina hangzusegeln, denn die Luft wurde thermisch ab 3500 Meter immer ruhiger als wäre ich an der Inversionsgrenze angelangt. Der Hangaufwind erwartete mich auch mit unge-

Rückblick aus über 7000 Meter Höhe auf das eisige Bernina-Massiv mit seiner Gletscherwelt. Dieser überwältigende Anblick ist der Lohn für die oft turbulenten Aufstiege in den Rotoren der Leewellen.

Das Horizonterlebnis in der klaren Luft des Hochgebirges: Blick vom oberen Inntal auf den Mont Blanc und das Matterhorn bei einer Entfernung und Sichtweite von fast 250 Kilometer.

fähr 1 Meter/Sekunde und ließ mich langsam aber stetig höher steigen. Die gut sichtbaren Schneespuren der Bergsteiger auf dem Biancograt blieben allmählich zurück, denn der sonderbare Hangwind hob mich mit unvermindertem Steigen bereits über den 4000 Meter hohen Gipfel des Piz Bernina. Jetzt wurde ich endgültig wach und richtete mein Flugzeug in die Windrichtung nach Südwesten aus. Durch einige Verlagerungen wurde das Steigen auf 2 Meter/Sekunde verbessert. Die Situation war mir nun endgültig klar, denn es bildete sich über mir eine klassische Lenticularis-Wolke. Die gefürchteten Rotorturbulenzen blieben mir anscheinend erspart, denn ich befand mich schon längst in der laminaren Strömung eines Wellenaufwindes vor dem Piz Bernina. Es war höchste Zeit, die Sauerstoffanlage zu aktivieren, denn der Höhenmesser kletterte langsam aber sicher in Richtung der 5000 Meter-Marke. Die schon aufgesetzte Atemmaske mußte noch einmal abgenommen werden, denn ich erinnerte mich an das Briefing, in welchem auf die obligatorische Kontaktaufnahme mit Zürich DELTA zwecks einer Höhenfreigabe über 5000 Meter hingewiesen wurde. Die

Nächste Seite: Auf den Spuren von Mensch und Natur. *Beim respektvollen Überflug der Lawinen- und Bergsteigerspuren wird man an nachdenkenswerte Dichterworte erinnert:*

D-3924

GEH NICHT NUR
DIE GLATTEN STRASSEN
GEH WEGE, DIE NOCH NIEMAND GING,
DAMIT DU SPUREN HINTERLÄSST
UND NICHT NUR STAUB.

Jutta Ahlemann

Die Alpen werden nicht nur von Bergsteigern entdeckt. Besonders wenn Lawinenabgänge zu befürchten sind, ist eine »Besichtigung« vom Flugzeug vorzuziehen.

Kollegen auf dem Tower in Zürich hätten zu gerne gehört, daß ich eine Transponderausrüstung besitze, was allerdings verneint werden mußte. Auch in der Schweiz wird der Transponder zunehmend für den Höhensegelflug diskutiert, doch die obligatorische Vorschrift konnte bisher noch vermieden werden. Alle 1500 Fuß mußte gestaffelt meine Höhenfreigabe erneuert werden, sie wurde aber problemlos erteilt.

Wie vor einem imaginären Hang flog ich an der Lentikularis-Wolke meine Achterschleifen. Die Wolke kam zusehends näher und wurde an der Vorderseite überstiegen, bis der Höhenmesser bei 7300 Meter stehen blieb. Der Steigflug wurde sicherlich nicht wegen fehlendem Aufwind beendet, vielmehr überzog sich das Tragflügelprofil zunehmend mit einer Eisschicht, so daß der Auftrieb erheblich abnahm. Das Thermometer zeigte inzwischen -32 Grad Celsius und ich schaltete nur zeitweise meine Schuhsohlenheizung ein, um die Batterie wegen der extremen Kälte nicht noch mehr zu belasten. Um die Sicht noch einigermaßen aufrechtzuerhalten, entfernte ich mit einem Schaber vorsichtig die zu Eis kristallisierte Atemluft an der Haube. Im Blindflug über die alpine Bergwelt zu fliegen, war für mich kein erstrebenswertes Ziel, ganz abgesehen von den Gefahren, die sich trotz des eingebauten künstlichen Horizontes nicht wegdiskutieren ließen. Zudem machte sich meine eiskalte und überlastete Batterie durch eine verzerrte Funkqualität bemerkbar. Ich war zumindest technisch an meinen fliegerischen Grenzen angelangt.

Inzwischen lag mehr als 3000 Meter unter mir der Piz Bernina als wäre er ein Berg wie viele andere. Obwohl ich über der Lenticularis-Wolke flog, wurde der Blick frei auf eine immer aufs neue faszinierende Welt. Die

Gipfel verloren ihre im erdnahen Flug bedrohliche Nähe. Die alpine Landschaft wurde scheinbar flacher, bis sie sich am Horizont in die scheinbare Unendlichkeit verlor. Die Welt unter mir erschien wie eine lebendig gewordene Landkarte im Maßstab 1:60 000. Im Südenwesten blinkte unter dem milchigen Dunst des Bergell der Comer See; weiter westlich begrenzte in fast 250 Kilometer Entfernung das Mont-Blanc-Massiv den Horizont als läge es im Bereich des Gleitwinkels. In einer grandiosen Fernsicht zeigten im Nordosten die Ötztaler Alpen den Weg nach Österreich. Im Süden lockte das italienische Adda-Tal mit dem Flugplatz Caiolo. Wohin das Auge auch blickte – Gipfel über Gipfel. Ich war an der Grenze meiner Aufnahmefähigkeit und glaubte zu träumen, denn das vor mir liegende Landschaftsbild glich einer räumlichen Vision. Mein Blick versetzte die hohen Berge in einen Maßstab, der ihre sonst so ernste Autorität vergessen ließ. Dagegen beeindruckte mich die unendliche Vielfalt ihrer Formen und Konturen, die sich erst an der Grenze des Horizontes erschöpfte. Eine unbeschreibliche Freude ließ meine Augen feucht werden, ich glaubte den Atem der Schöpfung zu spüren . . .

So seltsam es sich anhört, zum erstenmal in meinem Leben empfand ich Einsamkeit als die intensivste Begegnung mit der Natur. Die gleichzeitige Abhängigkeit von einem funktionierenden Flugzeug und einer zuverlässigen Sauerstoffversorgung steigerte noch die Tiefe des Erlebten. Doch in der eindrucksvollen Welt des Höhenfluges durfte ich die Lebensfeindlichkeit der Umgegend nicht vergessen. Die Natur zeigte mir ihre absoluten Grenzen. Die Anzeige meines allmählich sinkenden Sauerstoffvorrates holte mich wieder in die Realität zurück und der Abend kündigte sich schon am Horizont an.

Nach dem Abstieg aus großer Höhe in laminarer Strömung zurück in die Nähe der Berghänge wechselte das Fluggefühl von geradezu statischer Ruhe in die Dynamik der erdnahen Turbulenzen. Ganz oben ein Raumerlebnis in der stillen Welt über den Gipfeln, ein unvergeßliches Gefühl der Ruhe und Einstimmung in die Natur, unten ein sekundenschneller Wechsel der vorbeiziehenden Landschaft, sei es im Farbenspiel der Jahreszeiten oder in der Abwechslung der Landschaftsformen. Was Maler und Dichter oft als fantasievolle Vision wiedergeben, durfte ich bei diesem Flug real erleben. Für den sensiblen Piloten öffneten sich neue Horizonte: Sehen, Entdecken und Erleben erweiterte sich zu einer neuen Dimension. Die bei diesem Flug erreichte Diamantenhöhe war für mich weniger bedeutsam, obwohl ich meine fliegerischen Grenzen erreichte. Vielmehr zählte in meiner persönlichen Werteskala das unvergeßliche Erlebnis, der inneren Harmonie der Natur noch nie so nahe gewesen zu sein.

Wo sich die Sehnsucht des Menschen erfüllt, beginnt der Himmel auf Erden. Irgendwo zwischen Himmel und Erde muß ich gewesen sein, denn ich war ein wunschlos glücklicher Mensch. In Dankbarkeit und Freude stieg ich nach der Landung aus meinem Flugzeug. Segelflug gab meinem Leben neue Werte.

Alpensüdseite

Wer die Alpensüdseite bevorzugt – sei es wegen den frühen Startmöglichkeiten im Frühjahr oder wegen der eigenartig schönen Tessiner Berglandschaft mit ihren wildromantischen Tälern – Locarno am Lago Maggiore ist ein Startplatz, um die Alpen einmal an ihrer Südseite zu erfliegen. Ab März tragen die Flügel bereits weit über eine Natur- und Kulturlandschaft, die man mit ihren pittoresken Siedlungen am liebsten am nächsten Tag nochmals als Bergwanderer entdecken möchte. Wer über das Centovalli-Tal in Richtung Domodossola fliegt, erlebt im Gipfelbereich eine verschneite Bergwelt von schier unendlicher Formenvielfalt. Schon im März verspürt der Besucher des Tessins den Hauch des Südens, obwohl das Mittelmeer noch weit entfernt ist. Die fliegerische Entdeckungsreise im Tessin offenbart krasse Gegensätze; mediterranes Ambiente wechselt mit einer rauhen Bergszenerie.

Wer 1000 Kilometer Anfahrt über den St.Gotthard-Tunnel oder alternativ über den St. Bernhard nicht scheut, findet im sonnigen Oberitalien auf der Alpensüdseite seit wenigen Jahren ein neues fliegerisches Angebot. 30 Kilometer östlich des Comer Sees erfreut sich der Flugplatz Cailo bei Sondrio im Adda-Tal zunehmenden Interesses. Das sonnige Veltlin erwartet bereits ab Februar/März die wintermüden Piloten zum Hochgebirgs-

Nächste Seite: Auf der Alpensüdseite, wo sich bereits im März an den Südhängen eine kräftige Hangthermik entwickelt, liegt der Flugplatz Locarno im schweizerischen Tessin.

Ascona am Lago Maggiore, ein Flugerlebnis mit einem »Hauch des Südens«.

und Wellensegelflug, denn im Lee des Berninamassives bilden sich bei starkem Nordwest-Wind hoch ausfliegbare Wellen. Durch die Organisation der Oerlinghausener Flugschule und ihrer Fluglehrer in enger Zusammenarbeit mit dem Aero-Club Sondrio können auch alpenunerfahrene Piloten erstmals eine Einweisung oder gar Fortbildung im alpinen Streckenflug erhalten.

Start mit Segelflugzeugschlepp in Caiolo im oberitalienischen Adda-Tal. In den Leewellen des Bernina-Massivs kann der begehrte Höhendiamant erflogen werden.

Abendliche Rückkehr nach einem erlebnisreichen Alpenflug. Nur die Dunkelheit oder schlechtes Wetter holen die Segelflieger vom Himmel.

Der Einstieg in die Alpen von ihrer Südseite her ist sicherlich sehr abwechslungsreich. Caiolo bietet mehrere Vorteile zugleich. In einem Europa, in dem die Segelflieger zunehmend Luftraumbeschränkungen hinnehmen müssen, ist Cailo beschränkungsfrei, obwohl bereits Höhen von weit über 9000 Meter erreicht wurden. Der Flugplatz liegt 270 Meter über dem Meer und bietet mit seiner 800 Meter langen asphaltierten Startbahn einschließlich beiderseitigen Grasbahnen längs der Talrichtung ein weitgehendes problemfreies An- und Abfliegen, wobei allerdings eine 70 Meter hohe Hochspannungsleitung in Flugplatznähe nicht übersehen werden darf. Das Adda-Tal ist das größte offene Längstal im Südalpenbereich und bietet daher für erweiterte Flüge im Bereich des Gleitwinkels auch für Anfänger gute Einflugmöglichkeiten. Wenn in Deutschland noch der Winter vorherrscht, bietet das Adda-Tal mit seinen sonnengünstigen Hanglagen bereits eine frühlingskräftige Thermik. Wenn dazu noch die Lenticularis-Wolken im Bernina-Massiv sich entwickeln und der 5000 Meter-Höhendiamant erflogen werden kann, dürfte auch in Cailo ein Fliegerurlaub in Erfüllung gehen. Bevor sich dann im Sommer die dunstige Südluft aus der Poebene breit macht, hat der Besucher schon längst wieder die Heimreise angetreten; in Deutschland werden dann vielleicht gerade die Hallentore geöffnet. Warum solange warten, wenn im sonnigen Veltlin die Saison bereits im Februar beginnt?

Wo die Alpen am höchsten sind

Das alpine Landschaftserlebnis wäre ohne den höchsten Berg der Alpen, den 4807 Meter hohen Mont Blanc, unvollständig. Im Valle d'Aosta, im italienischen Teil der Alpen, bietet der Flugplatz Aosta die entsprechenden Startmöglichkeiten für Segelflieger. Wer die Turbulenzen der Aosta-Rotoren nicht fürchtet, wird mehrere 1000 Meter über die Sauerstoffgrenze getra-

Das Wolkentheater im Aosta-Tal: Startbereit zum Wellenflug. Der Rekord liegt knapp über 10 000 Meter NN.

Ein Flugplatz, der zwischen Mont Blanc, Monte Rosa und dem Gran Paradiso viele Pilotenträume erfüllen kann – das oberitalienische Aosta. Nach dem Start ist die Industrielandschaft zwischen den Viertausendern bald vergessen.

gen. In gut erfliegbaren Abständen angeordnet, trifft der Pilot auf ein Wellensystem, das jedes Fliegerherz höher schlagen läßt. Die Belohnung für den manchmal turbulenten Aufstieg findet sich in einem unvergleichlichen Panorama: Im Nordwesten das mächtige Mont Blanc-Massiv, im Nordosten als Monolith das markante Matterhorn, im Osten die eindrucksvolle Bergwelt des Monte Rosa, im Süden der Nationalpark mit dem Gran Paradiso. In einer Entfernug von maximal 45 Kilometer liegen diese Viertausender bei gutem Aosta-Wetter in der Reichweite eines Standardseglers. Trotz guter Aufwindmöglichkeiten sollte aber der Pilot gerade im extremen Hochgebirge mit den nicht immer voll vorhersehbaren Wetterlagen und den oft schwierigen topografischen Verhältnissen bei seinen Streckenabschätzungen einen Gleitwinkel von 1:20 berücksichtigen. Gerade der Hochgebirgsflug verlangt erhöhte Konzentration und nicht nur visuelle Weitsicht. Erst dann läßt sich ein Aus-Flug in die Welt der Viertausender verantworten.

Welche Flugvariante der Segelflugpilot auch wählt – das sensible Erfliegen einer faszinierenden Bergwelt oder den leistungsbetonten Streckenflug – die Alpen erlebt er wie ein Schaufenster der Natur. Keine andere Landschaft bietet soviel an Flugerlebnis. Natürlich ist Fliegen immer ein dreidimensionales Erlebnis, aber erst die Höhen und Tiefen einer alpinen Landschaft mit ihren Verlockungen und Anspannungen lassen die 3. Dimension der Bergwelt zum unvergeßlichen Erlebnis werden. Je höher die Alpen sich erheben, umso verlokkender öffnen sie dem Piloten neue Perspektiven, aber auch um so wichtiger wird die Beachtung der Sicherheitsmaßnahmen.

Jahr für Jahr zahlen Piloten – sei es aus Unerfahrenheit oder aus Unterschätzung der besonderen alpinen Flugbedingungen – bei Alpenflügen einen sehr hohen Preis. Die Informationen der Flugunfall-Untersuchungsstelle (FUS) des Luftfahrtbundesamtes sind alarmierend: Jährlich verunglücken allein fünf bis acht deutsche Segelflieger oder Motorseglerpiloten tödlich; daß die Zahl der Bergsteiger noch weitaus höher ist, kann keine Entschuldigung sein. Meistens liegen die Unfallursachen in einer fatalen Unterschätzung der meteorologischen und topografischen Bedingungen, verbunden mit flugtaktischen Fehlern.

Die an Berghängen und schroffen Felswänden auftretenden Turbulenzen verursacht durch Thermik oder horizontalen Windeinfluß – wie beispielsweise die Rotoren bei Föhnwetterlagen – können beträchtliche Stärken erreichen. Unfälle durch Unterschreiten einer in den Alpen erhöhten Mindestgeschwindigkeit und damit der Verlust der Steuerbarkeit des Flugzeuges sind bei diesen

Start zum Einstieg in die Aosta-Wellen: Flugzeugschlepp am Monte Emilius.

Der Mont Blanc als höchster Berg der Alpen ist natürlich auch für Segelflieger erreichbar. Ein passionierter Pilot läßt sich diese Herausforderung wohl kaum entgehen.

Verhältnissen ebenso häufig anzutreffen, wie Unfälle durch taktisch falsches Anfliegen von Hängen und Graten. Selbst mit einem Klapptriebwerk ausgerüstete Segelflugzeuge und klassische Motorsegler überschätzen oftmals ihre Motorleistung in größeren Flughöhen, wie sie im alpinen Bereich nun einmal geflogen werden müssen. Beispielsweise verbleiben nach Angaben der FUS in 3000 Meter Höhe unter den Bedingungen der Standardatmosphäre noch 74 Prozent der normalen Motorleistung, in 4000 Meter Höhe gar nur noch 67 Prozent! Bedenkt man, daß je nach Stärke des angetroffenen Abwindes die volle Motorleistung nicht einmal das Fallen kompensieren kann, dann sind die Chancen durch Einschalten des Triebwerkes bei verminderter Höhenleistung natürlich noch viel geringer. Die Empfehlungen der Flugunfall-Untersuchungsstelle können daher beim alpinen Segelflug nicht ernst genug genommen werden:

- Halten Sie mindestens eine Spannweite Abstand vom Hang und eine Minimalhöhe von mindestens 60 Meter über Grund ein
- Fliegen Sie nicht mit Mindestfluggeschwindigkeit am Hang, sondern mindestens mit der Geschwindigkeit des besten Gleitens + 10 Prozent oder der Geschwindigkeit des gelben Dreiecks am Fahrtmesser
- Berücksichtigen Sie darüber hinaus entsprechende Fahrtzuschläge bei Turbulenzen

Im Anflug auf das Matterhorn (4478 Meter): Die Natur setzt sich selbst ein Denkmal.

- Fliegen Sie Grate oder Felswände nie steiler als 45° an
- Bedenken Sie, daß Sie einem entgegenkommenden Flugzeug eventuell ausweichen müssen
und der Pilot die Hangflugregeln (rechte Fläche am Hang) mißachtet
- Beachten Sie Ratschläge der ansässigen und erfahrenen Alpenflieger, weshalb beispielsweise
Einweisungsflüge für Newcomer eine selbstverständliche Pflichtübung sind.

Der Hangflug – besonders im alpinen Bereich – erfordert im Unterschied zum Fliegen im Flachland nun einmal erhöhte Aufmerksamkeit. Das Zusammentreffen komplizierter Aufwindkomponenten, wie verwirbelte Hangaufwinde, Rotoren und Wellen sowie schwierige Außenlandebedingungen und vielleicht sogar Paßüberquerungen, überfordert viele Piloten. Selbst Weltmeister sind vor diesen Dingen nicht gefeit – was Anlaß genug für den Normalpiloten sein sollte, Sicherheit groß zu schreiben.

Wer sich als Segelflugpilot – und dies gilt besonders für den Flachlandflieger – die Alpen erfliegen will, muß sich über die spezifischen Besonderheiten des alpinen Gebirgsfluges bewußt werden. Flugstil und Flugtaktik müssen sich der Gebirgswelt neu anpassen. Die Überschätzung der eigenen Grenzen und Erfahrungen kann lebensgefährlich werden. Die Flugvorbereitungen für alpine Streckenflüge müssen beispielsweise aufgrund der eingeschränkten Außenlandemöglichkeiten wesentlich intensiver durchgeführt werden. Es ist geradezu eine Selbstverständlichkeit, daß nicht nur um Flugplätze, sondern vor allem um die möglichen und oft katalogisierten Außenlandefelder 20- vielleicht noch 40-Kilometer-Kreise eingezeichnet werden, womit bei Streckenflügen die Erreichbarkeit dieser Felder unter

Berücksichtigung unvorhergesehener Fallwinde wesentlich realistischer einzuschätzen ist. Wer solche elementare Sicherheitsvorkehrungen trifft, respektiert nicht nur die immer wieder vorhandenen Überraschungen der Natur, er gewinnt auch gleichzeitig Vertrauen. Er gewinnt dadurch Ruhe und ein Gefühl der Sicherheit und kann die gestellte Aufgabe mit mehr Verantwortung angehen. Hinzu muß dem Luftraum erhöhte Aufmerksamkeit geschenkt werden, denn besonders im Hangbereich kann es häufiger zu gefährlichen Begegnungen kommen, da die aufwindintensiven Gebirgshänge zu den bevorzugten Flugrouten zählen. Alpiner Segelflug erfordert nun einmal eine höhere Konzentration, dafür erfährt der Pilot aber auch ein gesteigertes Flugerlebnis.

Entdeckungsreiche Provence

Für Segelflugpiloten bleiben immer Wünsche offen. Sie wollen nicht nur mit eleganten und leistungsfähigen »Superorchideen« möglichst weite Strecken fliegen, sie wollen auch Landschaften erleben, die ihre natürliche Schönheit weitgehend bewahrt haben und gleichzeitig ein möglichst geringes Wetterrisiko bieten. Kommen dazu noch attraktive Ausflugsmöglichkeiten und ein Flugplatzambiente, in dem sich die (Ehe-) Frauen nicht langweilen, wenn »er mal wieder in die Luft geht«, kann eigentlich nichts mehr schiefgehen.

All diese Wünsche auf einen Nenner zu bringen, bedürfte schon fast einer Zauberformel – wenn es Süd-

Gap-Tallard ist nicht nur das aktivste französische Fallschirmspringer-Zentrum, es ist auch ein günstiger Startplatz zum Erfliegen der Provence bis hinein in die französischen Seealpen.

Wer in Gap-Tallard in Richtung Seealpen startet, überfliegt bald die Staumauer vom Lac de Serre-Ponçon.

Aspres sur Buëch, unweit von Sisteron gelegen, entwickelte sich zum beliebten Ferienflugplatz mit einer ansprechenden Infrastuktur.

Nördlich des malerischen Touristenstädtchens Serres an der Route Napoleon gab »KO« (Klaus Ohlmann) dem ehemaligen Werftflugplatz eine neue Perspektive. Mit seinem doppelsitzigen Calif oder auch im Teamflug vermittelt er Einsteigern und fortgeschrittenen Piloten den Einstieg in die französischen Seealpen.

Die Landschaft um Gap-Tallard zeigt ihren eigenen Charakter: Im Vordergrund das Montagne de Grande Céüse mit dem P. de Bure im Hintergrund, für Segelflieger ein bekanntes Markenzeichen.

Auch Sisteron im Tal der Durance zieht viele deutsche Segelflugpiloten an.

Wer sich in der besinnlichen Einsamkeit über den Wolken wiederfindet, landet am Abend als glücklicher Pilot, auch wenn er die geplanten Streckenkilometer nicht erreichte.

frankreich nicht gäbe. Irgendwann wird jedem Pilot das mitteleuropäische Wetter einmal unerträglich. Dann beneidet er seine Kameraden, die sich bereits in der Wohnwagenkolonie des Flugplatzes Vinon etabliert haben. Wer vielleicht während der winterlichen Frustation durch ein einschlägiges meteorologisches Fachbuch oder Flugberichte erfuhr, daß Thermik, Hangwind, Brisen, Wellen und konvergenzartige »Aufwind-Autobahnen« in südlichen Ländern gang und gäbe sein können, würde am liebsten sofort die Koffer packen. Ein konsequenter Segelflugpilot kuppelt dann seinen Hänger an, auch wenn er an die 1000 Autobahnkilometer in Richtung Süden vor sich hat.

Dort wo die Seealpen allmählich flacher werden und in das Tal der Durance übergehen, erwartet die Provence in Südfrankreich jene Piloten, die mit der südlichen Sonne besonders gute meteorologische Bedingungen suchen. All jene Piloten, die den langen deutschen Win-

Eine Chance für den Höhenflug in Südfrankreich: Montagne de Lure, ein Berg der Segelflieger in der Nähe des internationalen Segelflug-Ausbildungszentrum St.Auban, mit möglicher Höhenfreigabe bis zur Flugfläche FL 300 für den Wellensegelflug.

ter nicht ertragen können, finden bereits ab Februar/März im Südosten Frankreichs eine frühlingskräftige Thermik bis zu einer Basis von 3000 Meter über Normal-Niveau vor; außerdem Wellensysteme, die erlebnisreiche Höhenflüge ermöglichen. Im Tal der Durance häufen sich nicht von ungefähr die französischen Segelflugzentren. Sie reichen von Gap-Tallard über Sisteron und dem inzwischen internationalen Ausbildungszentrum St. Auban bis zum Segelflugeldorado Vinon und Fayence, um nur die wichtigsten der zehn gut organisierten Flugplätze zu nennen. »Vol à Voîle«, der Mistral macht es möglich, bis in die Jet-Flughöhen vorzustoßen. Wer mit dem Segelflugzeug zwischen dem berühmten Gipfel des Mont Ventoux und dem Grand Canyon du Verdon oder gar über der wilden Berglandschaft der französischen Seealpen fliegt, findet eine Landschaft voller Kontraste. Segelflug wandelt sich von einer Vision zu einer nahezu unwirklichen Realität. Ein Flug über die eindrucksvolle Kulturlandschaft Südfrankreichs mit ihren römischen und mittelalterlichen Spuren erinnert unwillkürlich an die Worte von Antoine de St. Exupéry: »Dem Flugzeug verdanken wir die Entdeckung des wahren Gesichtes unserer Erde«. Natürlich gab es zu Lebzeiten des Dichters noch nicht die Raumfahrtperspektive, die ihn wahrscheinlich noch mehr begeistert hätte. Trotzdem ist seine Aussage auch heute noch gültig, denn viele Details lassen sich aus der Flugzeugperspektive am besten erkennen.

Beim Flug über die entdeckungsreiche Provence begegnet der Pilot der herben Schönheit einer Landschaft, die von den Ausläufern des alpinen Zentralmassives bis in die weite Einsamkeit der Camargue reicht.

Die Landschaft überrascht den Piloten mit einer eindrucksvollen Vielfalt. Wenn nach der Landung der Duft der heimischen Kräuter ins Cockpit dringt und Zypressen oder Mandelbäume das provencalische Ambiente vermitteln, stimmen viele Piloten zu, daß sich das Flugerlebnis nicht nur in zurückgelegten Streckenkilometern messen läßt. Spätestens beim Flug über die Stauseen des Grand Canyon de Verdon oder des Lac de Serre-Ponçon zeigt sich die Landschaft von ihrer schönsten Seite. Die Sinne öffnen sich für eine einzigartige Region, die als Drehscheibe vieler Völker zahlreiche historische Spuren aufweist.
Die von der Federation Française De Vol à Voile (FFVV) organisierten Flugplätze bieten einen gut organisierten Flugbetrieb. Sie verfügen über eine hervorragende Ausgangslage, und die Fluglehrer mit ihren alpenspezifischen Erfahrungen können kompetente und systematische Einweisungen in die französischen Seealpen vermitteln. Immer mehr Piloten – auch mit der üblichen Alpenerfahrung – lassen sich diese zusätzliche Horizonterweiterung nicht entgehen, besonders wenn sich damit ein erlebnisreicher Urlaub verbinden läßt. Die vorbildliche Dokumentation mit rund 25 katalogisierten Außenlandefeldern ist für jeden Einsteiger zu einer unentbehrlichen Grundlage der Flugvorbereitung geworden. Außerhalb dieser Felder zu landen, bedeutet ein erhöhtes und unnötiges Risiko, das bei Einhaltung einer verantwortlichen Flugtaktik leicht vermieden werden kann. Wer das Glück hat, in das Höhenfenster der Zone »Montagne de Lure« bei St.Auban in die Mistralwellen einzusteigen und sich dabei an die vorgeschriebene Prozeduren der französischen Flugsicherung (Sa-

Vinon, der pistenreiche Flugplatz des Segelflug-Eldorados im südlichen Durance-Tal. Die Zahl der ständig stationierten Wohnwagen belegt seine Anziehungskraft.

lon 120.45 Megahertz) hält, kann eine Höhenfreigabe bis Flugfläche 300 (= 9150 Meter Normal-Niveau) erhalten. Etwas wehmütig denken die deutschen Piloten dabei an die immer enger werdenden deutschen Verhältnisse und die zunehmenden Restriktionen für den Segelflug.

Das fliegerische Angebot der französischen Seealpen bietet durchaus Herausforderungen für den engagierten Segelflugpiloten. Die klassischen Strecken des »Parcours« zwischen Puimoisson und dem Pic de Morgon nahe am Lac de Serre-Ponçon oder entlang dem oberen Tal der Durance bis über Briançon und den überwältigenden Engrins-Naturpark hinaus vermitteln dem Piloten ein tiefes Naturerlebnis und das Gefühl, sich den besonderen Anforderungen der französischen Seealpen gestellt zu haben. Ihre nicht gerade übersichtlichen Strukturen sowie die oft schwierigen meteorologischen Verhältnisse (bezüglich der verwirbelnden Überlagerungen von Winden der Hauptwetterlage mit lokalen aber thermisch ausgelösten Winden

Über der Provence: Der Stausee von Verdon, ein typisches Merkmal der Haute Provence, ist für den Segelflieger als Auffang- oder Wendepunkt nicht zu übersehen.

Im Februar blühen im südfranzösischen Segelflug-Wellenzentrum Fayence bereits die Mandelbäume, und der Mistral holt auch die letzten Flugzeuge aus der Halle.

an aufwindgünstigen Hängen – auch Brise genannt) verlangen die besondere Aufmerksamkeit des Piloten. Schon kurz nach der Mittagszeit kann sich die Brise so stark entwickeln, daß sie die Mittelmeerluft gegen die nördlichen Winde der Hauptwetterlage strömen läßt. Insider weisen besonders auf die extremen Fallwinde im Durance-Tal zwischen dem Flugplatz St. Crepin und der Stadt Briançon hin. Eine Talüberquerung setzt hier eine besondere Sicherheitshöhe voraus, denn sobald die Hangkante unterschritten wird, muß der Pilot mit unbekannten Aufwindverhältnissen rechnen. Immer wieder wird auf die unregelmäßigen Strukturen der französischen Seealpen hingewiesen. Vielleicht gibt es gerade deshalb eine so überraschende Vielfalt an Aufwinden. Jedenfalls ist der verlockende Anblick der französischen Seealpen nicht ohne Versuchung, denn in einer Entfernung von rund 100 Kilometern zeigt sich bereits das Mont-Blanc-Massiv. Trotzdem ziehen viele Piloten aufgrund der geschilderten Tatsachen einen Start von Aosta aus vor, wenn sie den höchsten Gipfel der Alpen anfliegen wollen. Auch die Haute Provence läßt noch Wünsche offen.

Um das sichere »Einfliegen« in die Seealpen zu erlernen, reicht ein Segelflugurlaub kaum. Die sichere Kenntnis der katalogosierten Außenlandefelder – sie werden über die gesamte Flugsaison betreut und sollten auch mal mit dem Auto besichtigt werden – ist eine Grundbedingung. Genauso wichtig sind gute Kenntnisse der terrestrischen und meteorologischen Navigation und eine realistische Einschätzung des Gleitwinkels des entsprechenden Flugzeuges. Erst wenn diese Voraussetzungen stimmen, können sich verantwortungsbewußte Piloten an das fliegerische Angebot der französischen Seealpen heranwagen und es als unvergessliches Erlebnis in ihre Flugbücher eintragen. »Fliegen wie Gott in Frankreich« ist keine Übertreibung, denn der schon oft zitierte Freizeitwert des Segelfluges erhält in Südfrankreich sicherlich neue Akzente.

Wo die Sonne scheint

Wenn Segelfliegen Fliegen mit dem »ältesten Motor der Welt« ist, dann verspricht das Sonnenangebot über spanischen Landschaften eine besonders intensive Thermik. Zentralspanien, insbesondere die kastilische Hochebene mit der Sierra, lockt Jahr für Jahr immer mehr Piloten aus Mitteleuropa in den sonnenverwöhnten Süden. Auch hier bestätigt sich die natürliche Regel: Je extremer eine Landschaft ist, desto intensiver sind die meteorologischen Auswirkungen und Gegensätze. So können neben einer besonders starken und hochreichenden Thermik auch heftige Gewitter auftreten, die den Piloten buchstäblich vom Himmel herunterholen.

Der am Nordrand der Sierra Guadarrama liegende Flugplatz Fuentemilanos – unter der erfahrenen Leitung der Segelflugschule Oerlinghausen – ist unser Ausgangspunkt. Von dort starten die Flieger in eine Natur und Kulturlandschaft, welche die weiten Ebenen Altkastiliens mit ihren Burgen und Städten ebenso umfasst wie die Berge der Sierra mit ihrer 80 Kilometer langen Hangflugstrecke. Wenn an guten Tagen die Wolkenbasis mit bis zu 5 Meter/Sekunde-Steigwerten an die Sauerstoffgrenze heranreicht oder die Konvergenzlinien wie eine »Wolken-Autobahn« weites Gleiten ohne Höhenverlust andeuten – dann kann kein passionierter Pilot dem spanischen Segelflug widerstehen. Streckenflüge unerwarteter Reichweite gehören selbst für Normalpiloten zu Tagesaufgaben. Nach der erfolgreichen Rückkehr von erlebnisreichen Flügen gestehen selbst die Weltenbummler unter den Piloten ein: Es muß nicht immer Australien oder Südafrika sein.

Hier ist es eher nebensächlich, ob ein angestrebtes Ziel oder ein FAI-Dreieck verwirklicht wird, das Flugerlebnis unter dem spanischem Cumulus-Himmel steht an erster Stelle.

In den heißen Sommermonaten – die wegen der trokkenen Luft und der 1000 Meter-Höhenlage der kastilischen Hochebene gar nicht so heiß empfunden werden – sind die thermischen Flugbedingungen durch-

Das Ziel ist unverkennbar: Auf dem Weg in das spanische Segelflugparadies.

Das Urlaubsziel ist erreicht: Flugplatz Fuentemilanos vor der Sierra Guadarrama. Mit etwas Fantasie läßt sich im Hintergrund die Kontur der »Toten Frau« erkennen.

aus mit australischen Verhältnissen vergleichbar. Schwierigkeiten bereitet allerdings die Positionierung von FAI-Dreiecken, da sich in Spanien leider auch die Flugbeschränkugsgebiete ausdehnen. Ein 1000 Kilometer-Dreieck muß deshalb zwangsläufig um Madrid herum gelegt werden, wenn man sich nicht auf die vorgeschriebenen Freigaben während des Fluges verlassen will.

Der spanische Cumulushimmel oder die begehrten Konvergenzlinien sind nicht nur ein Markenzeichen für Fuentemilanos. Auch Campolara, ungefähr 30 Kilometer westlich der Provinzhauptstadt Segovia gelegen, hat vor allem bei Insidern einen guten Ruf. Allerdings sollte an die Infrastruktur des Flugplatzes keine allzu großen Ansprüche gestellt werden. Dafür aber erscheint die Landschaft immer spanischer. Wer die natürliche Einsamkeit abseits der Tourismuszentren sucht und vor allem Segelfliegen will, findet in der Gegend um Campolara eine überlegenswerte Alternative. Einsamkeit bedeutet in Campolara ein unmittelbares Zurück zur Natur, hier herrscht ein Flugplatzambiente abseits unserer gewohnten Zivilisation. Schon mancher Fliegerurlaub gewann dadurch an Erlebniswert, denn bei der Besinnung und vor allem bei der Konzentration auf das »totale« Fliegen ist jede Ablenkung unerwünscht. Campolara bietet natürliche Einsamkeit.

Wer zum erstenmal über den weiten Ebenen oder den Gebirgslandschaften Alt-Kastiliens fliegt, kann sich

Das Segelflugzentrum Fuentemilanos setzte neue Maßstäbe. Die gute Organisation der Flugschule Oerlinghausen und die sich ständig verbessernde Infrastruktur steigern Jahr für Jahr seine Attraktivität.

Streckenflug über der Sierra de Pela – eine exotische Landschaft, aber geringe Außenlandemöglichkeiten.

Die Sierra Guadarrama öffnet ihr Geschichtsbuch: Das »Santa Crux« aus der Franco-Ära im Tal der Gefallenen erinnert an die Toten des Bürgerkriegs 1936 – 1939.

dem schon beinahe exotischen Charakter dieser Landschaft nicht entziehen. Besonders in den Sommermonaten ist die Erde von der intensiven Sonneneinstrahlung rötlich-braun gebrannt, was die Thermikentwicklung außerordentlich begünstigt. Trotzdem bietet diese Landschaft einen Abwechslungsreichtum, den besonders die Segelflieger aufmerksam wahrnehmen. So wird hier eine Dreifelderwirtschaft gepflegt, deren ausgedehnte Getreidefeldern schon ab Mitte Juli abgeerntet sind und ausreichende Landemöglichkeiten bieten. Je mehr sich die Flugrouten allerdings in Richtung Sierra mit ihrer besonders aufwindintensiven Topografie verlagern, desto weniger Außenlandemöglichkeiten stehen bereit. Beim Verlassen des Sierra-Gebirgszuges nach Nord-Osten in Richtung Soria wird beispielsweise die Sierra de Pela überflogen, eine wüstenähnliche Landschaft, die eher an Afrika oder Australien erinnert. Doch wer denkt in 3000 Metern Höhe angesichts eines cumulusreichen Himmels, der genügend Aufwinde verspricht, an eine Außenlandung? Die geringe Besiedlungsdichte und die wenigen Dörfer oder Kleinstädte, die sich von oben wie ein Ei dem anderen gleichen, fordern die Konzentration, denn das Aufsuchen von Wendepunkten erleichtern sie nicht gerade. Das GPS-Navigationssystem (Global Positioning System) gehört deshalb bei Spanienfliegern schon beinahe zur Standardausrüstung. Schon so mancher 1000 Kilometer-Flug scheiterte an Navigatiosschwierigkeiten.

Doch der Streckenflug ist nicht das einzige Angebot, die spanische Landschaft unter die Flügel zu bekommen. Bei südlichen Windrichtungen bieten die Hänge der Sierra Guadarrama Wellenflugmöglichkeiten, die beispielsweise unweit der »TOTEN FRAU« über dem Stausee Rio Frio auf Höhen von 6000–8000 Meter Normal-Niveau tragen. Es muß nicht immer nur unter Leistungsdruck geflogen werden. Für Kilometer-Zähler ist die Natur und Kulturlandschaft Kastiliens viel zu erlebnisreich.

Ein gelegentlicher Besuch in dem naheliegenden »Tal der Geier« wird zur Lehrstunde bei der Natur. Auch eingefleischste Piloten betrachten mit Staunen und einem Quentchen Neid, wie natürlich und entspannt die großen Vögel dahingleiten. Es lohnt sich, einmal einen Flugtag zu opfern, um bei Mutter Natur Nachhilfe zu nehmen.

Wer unter den Flügeln die Berge der Sierra die historischen Burgen und Städte der kastilischen Hochebene entdeckt, oder über das gigantische »Santa Cruz« (Heiliges Kreuz) im Tal der Gefallenen schwebt, der fühlt, daß Fliegen eine unvergleichliche Erlebnisbreite vermittelt, sei es in der Begegnung mit den Elementen der Natur oder mit der Geschichte.

Wer das Segelfliegen über spanischen Landschaften einmal erleben durfte, kommt mit Sicherheit wieder zurück, schon aufgrund der hervorragenden Thermik. Die sonnenverwöhnte altkastilische Hochebene hat schon viele 1000 Kilometer-Träume erfüllt. Der Flugplatz Fuentemilanos hält den weltweiten Rekord in der Verwirklichung solcher Träume. Er ist das wirksamste Heilmittel für das »Tausender-Fieber«. Das Flugbuch des Wilfried Großkinsky wies beispielsweise schon Ende 1992 unter Startplatz Fuentemilanos 17 »Tausender« auf. Wenn gute Piloten auf entsprechenden Flugplätzen starten, werden neue Maßstäbe gesetzt.

SPANISCHER CUMULUSHIMMEL – EIN NEWCOMER STARTET IN FUENTEMILANOS

Nach fast 2000 Kilometer Autofahrt von Deutschland, einschließlich einer Zwischenübernachtung in Südfrankreich, wird die Kastilische Hochebene und damit das spanische Segelflug-Eldorado Fuentemilanos erreicht. Ungeduldig wird gleich am nächsten Tag auf einem TWIN der Checkflug inklusive einem informativen und ausgedehnten Einweisungsflug absolviert. Die trockene Julihitze macht das Klima erträglicher als vermutet; trotzdem ist es aus Anpassungsgründen sinnvoll, nicht noch am gleichen Tag mit dem eigenen Flugzeug zu starten. Doch am nächsten Tag fieberte ich meinem ersten fliegerischen Spanienerlebnis entgegen. Warum nicht zum »Einfliegen« eine 500 Kilometer-Strecke versuchen, denn dafür bin ich doch in das ge-

Nächste Seite: Wie kann man bei diesem spanischem Cumulus-Himmel nur so spät starten – die Wolkenperspektive zeigt australisches Segelflugwetter in Spanien.

Weltmeister Ingo Renner bei der Startvorbereitung. Der zweite Platz im Flugzeug ist in der Regel ausverkauft, denn die Gelegenheit, unter spanischem Himmel mit einem vierfachen Weltmeister auf Strecke zu gehen, ist in Fuentemilanos wohl einmalig.

lobte Land des Thermik-verwöhnten Spanien gepilgert? Die Insider – alle schon »alte Hasen« in Fuentemilanos – sparten nicht mit Vorschlägen. Diese berücksichtigten allerdings nicht immer mein 15 Meter-Flugzeug, und abends beim »Vino Tinto« wurden sowieso immer die größten Strecken geflogen.
Etwas neidisch schaute ich daher auf die »Superorchideen«, welche in Fuentemilanos die Tausender fliegen. Ziemlich unbescheiden erwartete ich daher am nächsten Tag den spanischen Cumuluszauber, vielleicht sogar die geschwindigkeitsintensiven Konvergenzlinien, die durch das linienhafte Zusammenströmen von nördlichen und südlichen Luftmassen im Bereich des kastilischen Scheidegebirges entstehen.

Kaum hörbar weckte mich kurz vor 7 Uhr der Motorfalke der Oerlinghausener Flugschule, welcher zur TEMP-Aufzeichnung startete, um die atmosphärische Thermodynamik zu erfliegen. Es begann ein Flugtag voller Erwartung und Spannung. Ingo Renner und sein bewährtes Oerlinghausener Team eröffneten pünktlich um 9.30 Uhr das Briefing. Der On-line-Satellitenwetterbericht war durchwachsen und zeigte ein Tief über Frankreich, das mit seinen Störungen das Hoch über Spanien beeinflußen könnte. Doch entscheidend für mich war die TEMP-Interpretation und Streckenempfehlung von Ingo Renner: »Thermikbeginn ungefähr 12 Uhr, labile Schichtung mit guter Thermik bis nahezu 4000 Meter über Normal-Niveau (ungefähr 3000 Meter über Grund), jedoch am Nachmittag lokale Gewitter. 500 Kilometer-Strecken erscheinen möglich«.
Das Briefing – wie Flieger die Einweisung nennen – und auch die persönlichen Kontakte mit Ingo Renner, dem vierfachen Weltmeister, zählen zu den wertvollsten Begegnungen meines Fliegerlebens. Ich bin nur wenigen Menschen begegnet, die bei derart großer Sachkompetenz so natürlich und bescheiden geblieben sind und dabei doch zwanglos und unaufdringlich Autorität ausstrahlen. Seinen Vorschlag wollte ich daher verwirklichen, denn bei diesen Prognosen waren

Briefing am Morgen: Aufgrund von Satelliten-Berichten und dem vor Sonnenaufgang erflogenen TEMP interpretieren Ingo Renner und Thomas Meyer die Wetterinformationen. Danach folgen Vorschläge für Streckenaufgaben, die schon vielen Segelfliegern zur Erfüllung ihrer Wünsche verhalfen.

Außenlandungen sind hier fehl am Platze, denn die Vorgebirgszone der Sierra Guadarrama ist unlandbar. Rechtzeitiges Abfliegen am Hauptkamm (siehe Hintergrund) garantiert, daß die Felder mit ihren Außenlandemöglichkeiten in der kastilischen Hochebene sicher erreicht werden können.

meine ersten spanischen 500 Kilometer durchaus machbar, so gewissermaßen zum Einfliegen.
Die Kärtchen für den Startzeitpunkt wurden ausgegeben. Ich hatte Glück, einer der Ersten zu sein. Ich konnte mir daher den Startzeitpunkt aussuchen, der dann allerdings verbindlich war. Ich belegte auf der Starttafel den 12 Uhr-Platz, einen verhältnismäßig frühen Startzeitpunkt, der aber mit der TEMP-Angabe in Übereinstimmung war. Mit einer etwas sonderbaren spanischen Flugkarte und dem ausführlichen Wendepunktskatalog der Oerlinghausener Flugschule für Spanien hatte ich mich schon zu Hause beschäftigt. Doch während meines Einweisungsfluges kam Unsicherheit über das Finden der Wendepunkte auf: Selbst mittelgroße Dörfer unterschieden in der gelb-braunen Monotonie der sonnenverbrannten spanischen Erde kaum voneinander. Da mußte man schon genauer hinschauen, weshalb ich mir den ausliegenden Katalog mit Wendepunktsfotos vornahm, um detaillierte und charakteristische Dorfstrukturen in Verbindung mit Straßen auf ein Blatt Papier zu zeichnen. Ich entschied mich für das an einer Paßstraße liegende Bergdörfchen Mengamuñios im Südwesten als ersten Wendepunkt (75 Kilometer), um danach an der langgestreckten Sierra Guadarrama zurück nach Nordosten zu fliegen. Ich wollte bei meinem ersten Spanienflug in der

Spanischer Himmel am Abend. Cumulus- und Gewitterwolken streiten sich um die Vorherrschaft. Das kleine Flugzeug (Bildmitte) hofft trotzdem, den geplanten Rückweg noch fliegen zu dürfen.

im Südwesten an der Nationalstraße 110. Meine Schnittgeschwindigkeit von ungefähr 80 Kilometer/ Stunde war nach wie vor nicht zufriedenstellend, denn das Umfliegen der Gewitter hatte natürlich auch seinen Preis. Vielleicht flog ich auch zu vorsichtig und daher zu langsam, denn auf dem letzten Schenkel und Rückflug zum Abflugpunkt Otero Bhf. wurde mir die Rechnung präsentiert: Die Gewitter hatten sich schon über Avila hinaus ausgedehnt. Obwohl inzwischen eine Basis von fast 3000 Meter über Grund auszufliegen war und noch ungefähr 60 Kilometer bis zum Abflugpunkt zurückgelegt werden mußten, erschien die Lage aussichtslos. Ich flog zunächst nach Norden, um eventuell hinter dem Gewitter nach Fuentemilanos einzufliegen, doch die Ausbreitungen kamen mir noch mehr entgegen. Nach einer weiteren Stunde Parkzeit hatte sich die Lage weiter verschlechtert. Ich mußte mich wieder – inzwischen mit nassen Tragflächen – nach Südwesten zurückversetzen, um der sich ausbreitenden Gewitterfront auszuweichen.
Der ausgetrockneten spanischen Erde, mit ihren oft rötlich-braunen, wüstenähnlichen Staubwirbeln, tat natürlich der Regen gut, doch das empfindliche Profil meiner Flächen reagierte äußerst negativ. Wohin ich auch auszuweichen versuchte, überall versperrte mir eine unübersehbare und bedrohliche Schlechtwetter-Front den Weiterflug. Aus meiner Höhe schienen die Wolkenfetzen fast den Boden zu berühren. Grelle Blitze zuckten aus ihrer schwarzen, energiegeladenen Masse, die auch dem mutigsten Piloten das Fürchten lehren konnten. Es beeindruckte mich stark, die Naturgewalten hautnah zu spüren; ihre Überlegenheit respektierte ich instinktiv. Ich erinnerte mich an meine Grundsätze: Ein Durchfliegen oder Unterfliegen einer nicht übersehbaren Front scheidet prinzipiell aus. Die Angst, die aufkam, war das beste Regulativ zum Überleben. Auch die Frage, welche Gefahren das Fliegen wert ist, stellte sich für mich nicht. Doch die Versuchung war groß, denn vor der gewittrigen Regenfront hatte ich noch ein gutes Steigen. Der ruhige, aber stetig getaktete Ton meines akkustischen Variometers signalisierte einen konstanten 2 Meter-Bart und synchronisierte gewissermaßen in beruhigender Weise meinen Pulsschlag. Doch die unübersehbaren gewittrigen Regenvorhänge brachten die schon beinahe dramatische Situation auf den Höhepunkt und verlangten von mir eine verantwortliche und rasche Entscheidung.
Der Flug näherte sich dem Ende: Schweren Herzens entleerte ich die Wasser-Tanks; der Entschluß zur Landung war unausweichlich. Über 2000 Meter Höhe wurden den Störklappen geopfert. Mein Landefeld konnte ich mir nahe der Nationalstraße 110 aussuchen. Da mir aber die Windrichtung und -stärke unklar waren, wählte ich ein großes und abgeerntetes Getreidefeld, wovon noch nicht einmal die Hälfte zur Landung benötigt wurde. Ich war nahe dem 500-Seelen-Dorf Muniaña, 20 Kilometer südwestlich von Avila oder 65 Kilometer vor meinem Abflugpunkt gelandet. Beim Öffnen der Haube wehte ein appetitanregender Duft zu mir herein. Meine Landeposition war unmittelbar neben einer Schinken-Räucherei, die mir auch großzügigerweise den Telefonservice bot. Meine Rückholer waren so schnell, daß die »Fiesta de Velero« (Segelfliegerfest) in dem abgelegenen Dorf Muniaña nicht stattfinden konnte, eine nomalerweise willkommene Abwechslung für die einsamen Dorfbewohner.
Die Einsamkeit bis zum Eintreffen der Rückholer diente der Besinnung. Wäre ich schneller geflogen, so hätten mich die Gewitter wahrscheinlich nicht einholen können. Auch Ingo Renner ereilte an diesem Tag das Außenlande-Schicksal. Es war allerdings ein schwacher Trost für mich, daß auch ein Weltmeister nicht mehr den Weg nach Hause fand. Trotzdem war dieser Flug erlebnisreicher als all die Flüge in den Tagen danach, an denen sich 500 Kilometer-Strecken – und wesentlich mehr – verhältnismäßig problemlos bewältigen ließen.

Meiner grundsätzlichen inneren Einstellung bin ich aber bis heute treu geblieben: Sollte ein Pilot einmal sein Ziel nicht erreichen, ist allein der Weg dorthin schon Rechtfertigung genug. Niemand brauchte mich zu trösten, denn ich war trotzdem ein glücklicher Mensch.

STRECKENFLUG ALPIN

von Axel Schneider

Als ich mich vor einigen Jahren für den Streckensegelflug interessierte, ahnte ich nicht, daß dieser mich so begeistern würde. Als Streckenflug-Neuling lernte ich schnell aus meinen Fehlern, und so konnte ich meine Leistung von Jahr zu Jahr immer etwas verbessern. Nach einigen Flügen, die übers Flachland führten, stellte sich eines Tages der Alpenstreckenflug als neue Herausforderung. Jeder Streckenflug faszinierte mich aufs neue, und ich wurde sehr schnell mit seinen Höhen und Tiefen konfrontiert. Der Alpenstreckenflug stellt für mich ein kalkulierbares Risiko dar. Hinsichtlich einer bevorstehenden Außenlandung, einem Wetterumsturz oder durch Aufspüren von hangnaher Thermik und damit oft verbundenem hangnahem Kreisen wird man immer wieder aufs neue gefordert und geprüft. Aber auch die Schönheit der Bergwelt und das abwechslungsreiche Spiel von Eis, Schnee, Fels und Grünflächen, die oft von Gebirgsflüssen wie ein schimmerndes Band durchzogen werden, lassen den lautlosen Flug zum Naturerlebnis werden.

Nachdem ich den Winterfrust mit ein paar Spazierflügen und zwei kleineren Überlandflügen von 365 und 396 Kilometer abgelegt hatte, sollte nun ein größerer Streckenflug folgen. Der Wunsch, die 600 Kilometer-Marke zu erreichen, läßt ein flaches Dreieck von 605 Kilometer über den Alpen entstehen: Startort Flugplatz Agathazeller Moos – Donnersbach (ca. 10 Kilometer östlich von Niederöblarn) – Venetberg (bei Landeck). Durch die Leistungen meiner Vereinskameraden, die bisher schon Strecken von bis 700 Kilometer erflogen hatten, fühle ich mich richtig angespornt. Da die Chancen zwei zu fünf stehen, am Wochenende gutes Flugwetter anzutreffen, will ich es während der Woche versuchen. Eine Gastfluggruppe aus Oberschleißheim, die zur Zeit ihr traditionelles Frühjahrsfluglager bei uns abhält, garantiert also auch Flugbetrieb während der Woche.

Auf der Lauer liegend warte ich gespannt gutes Flugwetter ab. Mit vielen Niederschlägen ist das Frühjahrswetter sehr durchwachsen, doch der 31.Mai 1993 verspricht den Erwartungen gerecht zu werden. Der Segelflugwetterbericht kündigt gutes Segelflugwetter an. Rückseitenwetter ist durch eine abziehende Kaltfront zu erwarten. Bereits am Vortag meines Vorhabens sind im Flachland schon recht gute Thermikentwicklungen zu beobachten. In den Alpen hingegen herrscht zum Teil noch Staubewölkung, die sich sehr zäh auflöst.

Der Streckenflugtag – ein Werktag – beginnt für mich um 4.00 Uhr morgens. Von 5.00 Uhr bis 9.00 Uhr gehe ich meiner täglichen Arbeit nach. Schon bei Sonnenaufgang ist keine Spur mehr von der lästigen Staubewölkung zu erkennen. Unter Angabe von ausnahmsweise privaten Gründen läßt mir mein Arbeitgeber um 9.00 Uhr freien Lauf, und ich eile schnellstmöglich zum Flugplatz.

Nach dem gemeinsamen Ausräumen der Halle mit der Gastfluggruppe wird die Vereins-DG-300 mit 60 Liter Wasser gefüllt und nach den Flugvorbereitungen an den Start geschoben. Die ersten Anzeichen auf Thermik sind schon längst auszumachen. Ich bin optimistisch und kann es kaum erwarten, in die Luft zu kommen! Da ich auf den Windenstart angewiesen bin und dadurch meine Operationshöhe nicht gerade berauschend ist, warte ich solange ab, bis die ersten Gleitschirme am Osthang des »Mittag« ihre Höhe halten können. Als ich die Haube der DG-300 schließe, ist durch den Windsack eine leicht östliche Windrichtung erkennbar. Nach einer holprigen Beschleunigung, die einen Seilriß befürchten ließ, bringt mich die Winde um 11.15 Uhr auf ca. 300 Meter Schlepphöhe. Das hohe Abfluggewicht macht sich in der Schlepphöhe nachteilig bemerkbar. Nach dem Ausklinken geht es dann zielstrebig auf den Osthang zu. Einige Luftbojen machen mir das Überleben am Hang sehr schwer. Da die Aufwindzone ziemlich klein ist, tummeln sich hier die Gleitschirme, so daß für mich nur wenig Platz bleibt.

Formschönheit und technische Eleganz des Flugzeuges steigern das Flugerlebnis.

Der Weg dieser Fluggeräte ist oft unberechenbar. Einmal links, dann wieder rechts kreisend schlängle ich mich mühsam zwischen den »Matrazen« durch und erreiche endlich den Gipfel. Die meisten Gleitschirme befinden sich noch in Startposition knapp unterhalb der Bergstation. Ich bin froh darüber, daß die meisten noch nicht gestartet sind.
Nun endlich gleichmäßig in der Thermik kreisend, entscheide ich mich in 2500 Meter NN nach viel Zeitverlust zum Abflug. Schöne Cumuluswolken, anfangs jedoch mit großem Abstand, zeigen mir den Flugweg nach Osten. Weit reicht der Blick in der dunstfreien Luft. Berge von über 100 Kilometer Entfernung vermitteln mir den Eindruck, in ihrer greifbaren Nähe zu sein. Bei diesem Anblick wird mir sehr wohl klar, daß – bedingt durch die Winde – mein Start viel zu spät erfolgte. Mit einer Schleppmaschine hätte der Flug mindestens eineinhalb Stunden früher beginnen können. Ich stelle mir die Flugstrecke vor, die mir nun unter Zeitdruck bevorsteht. Eigentlich unmöglich – aufgrund des späten Abflugs und meiner geringen Streckenflugerfahrung im Gebirge. Ich verdränge den Gedanken und konzentriere mich auf mein Vorhaben!
Nach einem zehnminütigen Gleitflug finde ich über den Allgäuer Bergen am Ponten thermischen Anschluß. Mit anfangs schwachen und schwer zu zentrierenden zwei bis drei Meter/Sekunde Steigen geht es zu meiner Zufriedenheit aufwärts. Die ruppige Thermik verlasse ich in 2800 Meter NN und setze den Flug nach Osten fort. Die Flugroute verläuft entlang dem Tannheimer Tal bis zum Einflug in das Lechtal. Das zaghafte und auch nicht optimale Vorfliegen läßt die Schnittgeschwindigkeit weit zurückfallen. Über das so wichtige Zusammenspiel von Mensch und Maschine bin ich nicht zufrieden. Einige der getroffenen Entscheidungen sind die Ursache dafür, daß die bis jetzt zurückgelegte Strecke in keinem guten Verhältnis zur Flugzeit steht. War das frühe Aufstehen und vorherige Arbeiten ein Grund dafür, daß diese wichtige Einheit gestört ist? Ich versuche, mich auf mein selbstgestecktes Ziel zu konzentrieren. Ich muß nun, nach einem Höhengewinn, längere Zeit mit dem besten Gleiten ein thermikloses blaues Loch in Richtung Fernpaß durchqueren.
An den schön angestrahlten Südosthängen lassen sich kleinere Cumuluswolken ausmachen. Bei diesem Gleitflug wären ein paar Meter Spannweite mehr ganz nützlich. Die Höhe schwindet zunehmend! Das Flugzeug gleitet in vollkommener Stille auf die Sonnenhänge zu. Die Höhenmesseranzeige zeigt nur noch knappe 2100 Meter Normal-Niveau an. Nach einer kurzen Suchschleife über Geröllhalden und bewaldeten Flächen finde ich endlich wieder aufsteigende Luftmas-

Die Lechtaler Alpen mit Blick nach Westen.

Begegnung mit der doppelsitzigen ASH-25.

sen. Hoch über mir kondensiert die Warmluft. Die hellschimmernde Wolke hilft mir, das Steigen über dem Fernpaß besser zu zentrieren. Das Steigen läßt spürbar nach. In 2700 Meter NN richte ich die Maschine auf und steuere gespannt die Miemingerkette an. Die steilabfallende Südwand vermittelt einen bizarren Anblick. Der Empfang ist turbulent, doch wo bleibt das erhoffte Steigen? Dicht gleitet mein Flugzeug an den schroffen Graten vorbei. Während ich die ganze Südflanke abfliege, zeigt das Variometer keinerlei Steigen an. Mir kommen die ersten Zweifel. Das Fallen pendelt zwischen zwei und drei Meter/Sekunde ein. Habe ich einen Fehler gemacht – und wenn ja, welchen? Zu meiner Erleichterung sind auf einmal am südöstlichen Ende des Bergrückens ein paar Wolkenschleier zu erkennen. Mit feinfühligen Ruderausschlägen korrigiere ich die Flugrichtung. Die verwirbelten Schleier weisen auf turbulente Aufwindströmungen hin. Als das Akustik-Variometer wieder Steigen verkündet, fühle ich mich gleich wohler. Die sehr lebhafte Hangthermik läßt kein Kreisen zu. Die Maschine wird etwas kopflastig getrimmt, um dadurch ausreichende Fahrtreserven zu haben. Mit eng geflogenen Achten erklimme ich schließlich endlich die Grathöhe. Ein paar Bergsteiger sind in der lichterfüllten Felswand zu erkennen. Vermutlich hat sie der streifende Schatten etwas erschrocken, sie blikken nach oben und wir winken uns kurz zu. Eng kreisend verbessert sich die Thermik. Aus den anfänglichen Schleiern entwickelte sich in kürzester Zeit eine schöne Cumuluswolke. Die Basis steigt an! Während

des Kreisens plane ich anhand der Wolkenaufreihungen meine weitere Flugstrecke.
Nachdem die Freigabe zum Einflug in die Kontrollzone von Innsbruck positiv erwidert wird, fliege ich die Nordkette des Inntals an. Meine Kurslinie folgt nun optimal der Gebirgskette, die zur Zeit bestens unter der Sonneneinstrahlung liegt. Die Thermikaufreihungen sind in sehr kurzen Abständen anzutreffen, so daß mit hoher Fahrt und wenig Kurbelei der anfängliche Zeitverlust wieder etwas wettgemacht werden kann. Mir wird klar, daß entsprechend der Alpenflugtechnik Längstäler, die sich in westöstlicher Richtung erstrecken, im allgemeinen Vormittags angeflogen werden sollen, da zu diesem Zeitpunkt die Sonne in die Südhänge scheint und entsprechend gute Aufwinde produziert. Gegen Nachmittag läßt die Einstrahlung an den Südhängen nach, dafür strahlt die Sonne die Hänge an den Quertälern intensiver an. Diese Theorie erinnert mich daran, daß so mancher meiner bisherigen Streckenflüge beim Anfliegen der Nordkette des Inntals gegen Spätnachmittag aufgrund schlechterer Sonneneinstrahlung tief unter der Hangkante erfolgte. Ein schnelles Vorwärtskommen war somit oft nicht möglich!
Ein Blick auf die Uhr beunruhigt mich. Nach eindreiviertel Stunden Flugdauer überquere ich zusammen mit einer ASH-25 das Inntal und halte auf das Kellerjoch zu. Die Vorteile der »Langohren« sind unübersehbar. Während mein Begleiter den Gleitflug ohne Mühe in Richtung Gerlos fortsetzt, bleibt mir keine andere Wahl, als mich mit einem nur mäßigen Aufwind, der sich zudem noch schwer zentrieren läßt, herumzuärgern, nur um ein paar Meter gutzumachen. Das Steigen ist alles an-

Als höchster Gipfel der Hohen Tauern präsentiert sich der Großglockner mit 3798 Meter.

dere als erwähnenswert. Nein – nur nicht jammern, sondern positiv denken! Das zeitintensive Kreisen wird nur bis zur erforderlichen Ausgangshöhe für den Weiterflug in Richtung Gerlos hingenommen. Die Wetteroptik rät mir, über die Kitzbühler Alpen zu fliegen. Trotz hoher Konzentration während des Fluges gönne ich mir einen Blick zu den prächtigen Zillertaler Alpen und den Hohen Tauern. Die Glocknergruppe verbirgt sich unter einigen aufliegenden Wolken. Absolut problemlos verläuft der weitere Flugweg. Die für jeden Alpenstreckenflieger bekannte Rennstrecke vom Gerlos bis in die Steiermark hinein erlaubt nun ein rasches Überfliegen von Zell am See bis hin zum mächtigen Bergmassiv – dem Dachstein. Je schneller der Flug wird, umso mehr Gefallen finde ich daran. Die prächtigen Thermikentwicklungen heben das leichte Flugzeug mit kräftigen drei bis fünf Meter/Sekunde mehrmals bis knapp unter die Basis an. Ketten starker Aufwinde erlauben dem aerodynamisch ausgefeilten Segler ein schnelles kreisloses Vorwärtskommen. Fantastisch – die Basis klettert auf 3400 Meter NN. Die Vielzahl der heute gesammelten Eindrücke wandern durch meinen Kopf. Die Zeit zum Verarbeiten und Überdenken habe ich jedoch nicht. Die Konzentration für den weiteren Flug läßt mir dafür keine freie Minute.

Mißtrauisch erkenne ich eine zunehmende Gewitterneigung. Es werden mir doch hoffentlich keine Gewitter den Flug erschweren!? Die Sonneneinstrahlung wird durch die immer kleiner werdenden Wolkenabstände und größeren Quellungen behindert. Nur ein leises Zischen läßt erkennen, daß der Fahrtmesser sich zwischen 130 und 150 Kilometer/Stunde bewegt. Schnell

Je nach Wetterlage lassen sich alpine Streckenflüge aufgrund verbundener Wellen- und thermischer Aufwinde wesentlich erweitern.

verändert sich die Landschaft des Ennstales unter den weißen Flächen. Die guten Aufwinde werden mir oft von schon kreisenden Segelflugzeugen markiert, so daß ein gezielter Anflug möglich ist. Ein wenig wundere ich mich über die Vielzahl der Segelflugzeuge am Himmel bis mir klar wird, daß die bekannten österreichischen Segelflugzentren Hochsaison haben. Entspannend lehne ich mich zurück und genieße die großflächigen Aufwindströmungen. Der Streckenflug wird so zum vollen Genuß. Wieviele Kreise habe ich heute schon durchgezogen? Bis auf eine Querruderstütze steuert sich das Flugzeug fast von alleine. Ein herrliches Gefühl, mit so einem schlanken und schnellen Gefährt durch die Lüfte zu ziehen. Rasch reagiert es in den Rudern, und nur ein sanftes Zischen begleitet mich. Wie an Seidenfäden aufgehängte Marionetten erscheinen mir die zahlreichen farbenprächtigen Gleitschirme und Drachenfluggeräte, welche ich während meines Fluges passiere. Noch vor wenigen Jahren beanspruchten bis auf wenige Drachenflieger ausschließlich Segelflieger die Thermikstraßen für sich. Heute hingegen teilt man sich die Aufwinde mit allen erdenklichen Fluggeräten. Der Luftraumbeobachtung wird deswegen allerhöchste Aufmerksamkeit abverlangt. Im Funk ist natürlich die Hölle los. Um mich besser konzentrieren zu können, stelle ich ihn leiser. Segelflieger aus Franken berichten von guten Flugbedingungen, und sogar Funksprüche aus Frankreich fange ich auf. Ein kräftiger Aufwind unterbricht plötzlich meine Gedanken und ich besinne mich wieder auf meinen Flug. Je weiter ich nach Osten fliege, desto mehr sinkt die Basis ab und die Überentwicklung entschärft sich ein wenig. Aber dennoch gefällt mir die zunehmend zerfranste Wolkenstruktur nicht. Die Steigwerte verlieren aber zum Glück wenig an Intensität; sogar über dem Tal sind Thermikquellungen auszumachen. Mein Blick schweift über die Ennstaler Berge in Richtung erste Wende. Eine sichere Talüberquerung scheint mir 25 Kilometer davor möglich. Das Erkennen des Wendepunktes soll nach Aussage meines Fliegerkameraden Stephan keinerlei Schwierigkeiten bereiten. Schließlich umrundete er erst kürzlich diesen Wendepunkt. Mit zunehmender Spannung steuere ich meinem ersten Ziel entgegen. Ein Blick auf den Flugplatz Niederöblarn zeigt, daß so ziemlich alles, was Flügel hat, sich in der Luft befindet. Ich verfolge die einmündenden Seitentäler auf der Karte. Plötzlich liegen einige verstreute Häuser vor mir. Aber wo ist die Kirche? Es dauert ein wenig, bis ich die Kirche von Donnersbach ausmachen kann – endlich! Erleichtert atme ich auf, als ich die knapp 290 Kilometer entfernt liegende Wende um 14.50 Uhr umrunden und fotografieren kann.

Ich leite den Segler aus der steilen Fotokurve aus und treibe die Nadel des Fahrtmessers auf 150 Kilometer pro Stunde hoch. Der zweite Schenkel beginnt. Ich überschlage kurz meine Flugzeit vom Abflug bis zur ersten Wende. Ungefähr 85 Stundenkilometer war mein Schnitt. Ein mageres Ergebnis für dieses Wetter. Sicherlich waren die ersten 70 Kilometer bis zum Inntal ein Grund dafür, daß ich nicht besonders schnell war. Doch als gewöhnlicher Wochenendflieger ist der Kurbelanteil einfach zu hoch. Das muß auf dem zweiten Schenkel besser werden.

Mein Gespür und die Wolkenformationen über den Ennstaler Alpen raten mir, das Ennstal nicht mehr zu wechseln und somit südlich zu bleiben. Die Wolkenaufreihungen sehen verlockend aus und die Steigwerte sind sehr gut. Doch je weiter ich nach Westen fliege, desto mehr nimmt die Gewitterneigung wieder zu. Skeptisch und etwas ungewiß über die weitere Strecke lasse ich das Flugzeug über den Tauerntunnel hinweggleiten. Die Sicht wird zunehmend schlechter und die Intensität der Thermik läßt spürbar nach. Die Frage einer Kurskorrektur beschäftigt mich zunehmend. Das Relief der Hohen Tauern ist nur noch schwer zu erkennen. Hätte ich doch wieder über die Kitzbühler Alpen fliegen sollen? Der Rat eines erfahrenen Alpenstreckenfliegers wäre mir jetzt sehr hilfreich. Ich entscheide mich für den Umweg über die Kitzbühler Alpen. Willig folgt das Flugzeug meiner Kurskorrektur nach Nordosten. Lieber ein kleiner Umweg als nasse Flächen! Die Zeit verrinnt schneller als mir lieb ist. Mit respektvollem Abstand leite ich den 15 Meter-Vogel an einem niedergehenden Schauer vorbei. Schon länger hat kein Sonnenstrahl mehr die Kanzel durchdrungen. Es wird kälter – die zurückgestülpten Pulloverärmel streife ich wieder vor. Dabei kommt mir mein Proviant in den Sinn. Im Moment habe ich jedoch wichtigere Dinge zu tun. Funksprüche machen mir wieder Mut. Über den Tuxer Alpen seien bereits wieder bessere Bedingungen anzutreffen. Hoffentlich! Die ersten Regentropfen attackieren mich nördlich der Kapruner Stauseen. Der Höhenverlust könnte schlimmer sein. Vorsichtig taste ich mich im Zick-Zack Kurs unter ein paar Wolkenlücken vorwärts. Kurz vor Kitzbühel greift ein sanfter Aufwind unter meine Flächen, und mit

Startort Innsbruck bei Föhnwetterlage: Mit über 7000 Meter auf dem Höhenmesser weitet sich der Blick nach Osten über die österreichische Alpenwelt.

zwei Meter/Sekunde kreise ich ein. Mit einem plötzlich über mir kreisendem Ventuspiloten teile ich wohl mein Schicksal. Wir beide kitzeln die Aufwärtsströmung bis auf 3100 Höhenmeter aus. Ein beruhigendes Gefühl überkommt mich, nicht mehr alleine zu sein. Ich klammere mich an sein Leitwerk und folge ihm.
Mit etwas flauhem Magen erreichen wir das Zillertal, das uns nicht gerade willkommen heißt. Eine dunkle Wolkenbank läßt nichts gutes erwarten. Doch der Horizont dahinter ist hell mit Licht erfüllt. Es erscheint aussichtslos, dem sich vor mir ausbreitenden Gewitter zu entkommen. Das Gurtzeug wird kontrolliert. Regen und Graupelschauer überströmen prasselnd meine langgezogene Kanzel. Die Sichtweite ist auf ein Minimum geschrumpft. Mein Mitstreiter ist mir aus dem Blickfeld entronnen! Mit Fahrtmesseranzeige 160 Kilometer/Stunde eile ich der erkennbaren Sonnenseite zu. Der Höhenverlust ist enorm. Das Variometer verharrt auf seiner negativsten Anzeige. Plötzlich – völlig unerwartet – schnellt das Variometer auf zwei Meter/Sekunde Steigen. Endlich, die ersten Sonnenstrahlen erfassen mein Flugzeug. Ich steuere auf die Wolkenvorderkante zu. Das Steigen wird stärker. Ich reiße, bedingt durch die Überfahrt, das Flugzeug steil nach oben. Die Erkenntnis, den besten Bart des Tages gefunden zu haben, bringt meine angeknackste Motiva-

DIE GLETSCHERPREMIERE

Gletscher beeindrucken sowohl als faszinierendes Naturschauspiel als auch durch ihre bedrohliche Lebensfeindlichkeit. Dem Betrachter steht offen, letztendlich das zu entdecken, was seinen Interessen entspricht. Es ist beinahe wie in der modernen Physik, in welcher der Standpunkt und die Betrachtungsweise des Beobachters das Ergebnis in gewissem Sinne vorherbestimmen.

Der Baden-Badener Arzt Dr. Schulze gehört zu jenen Piloten, die Gletscher vorwiegend positiv betrachten, zumindest was die Bedeutung für den Alpensegelflug angeht. Er vertritt nämlich den Standpunkt, daß jeder Pilot, der weitab der grünen Täler inmitten der alpinen Bergwelt fliegt, auch einmal von einer schnell heranziehenden Schlechtwetter-Front überrascht werden könnte. Der normale Rückflug zu einer Landewiese

Der zweiteilige Tschierva-Gletscher im Bernina-Massiv. Den linken Teil des oberen Gletscher-Abbruch hatte sich Dr. Schulze als Landefeld ausgesucht.

Es gibt Wetterlagen, bei denen die rechtzeitige Umkehr der einzige Ausweg ist, um Pilot und Flugzeug in Sicherheit zu bringen. Besonders im Hochgebirge – wo nicht jede beliebige Flugroute möglich ist – besteht die Gefahr, daß der Umweg oder gar Rückweg abgeschnitten wird. Die Folgen sind Außenlandungen in oft völlig ungeeignetem Gelände.

oder einem Flugplatz in den entfernten Tälern kann in dieser Situation versperrt sein. Als rettender Ausweg bietet sich nach seiner Meinung notfalls eine Gletscherlandung an!

Schulze ist kein Mann von leeren Worten. Als Psychotherapeut bekannte er sich zum Prinzip des Handelns. Um den Beweis der Durchführbarkeit anzutreten, war er zu einem fliegerischen Experiment mit unbekanntem Ausgang bereit. Obwohl dieses Ereignis schon Jahrzehnte zurückliegt und damals nicht nur in Fliegerkreisen für Aufsehen sorgte, ist es inzwischen fast in Vergessenheit geraten. Wer landet denn schon freiwillig auf einem Gletscher?

Am Sonntag, dem 21.August 1961, lag blauer Himmel über der 3000 Meter hohen Eiswelt des Tschierva-Gletschers im Bernina-Massiv. Dr. Schulze startete in Samedan im Flugzeugschlepp – und landete mit seinem Segelflugzeug vom Typ Ka 7 wenig später auf dem firnbedeckten oberen Teil des Gletschers, der dort eine Hangsteilheit von mindestens 15 Grad aufweist. Selbst vom Schicksal einer verunglückten D 28 – ein Motorflugzeug, das früher ebenfalls eine Gletscherlandung versuchte und als Wrack schon jahrelang drohend im Eis lag – ließ sich Schulze nicht von seinem Vorhaben abbringen. Seine Landung verlief nicht unproblematisch. Nach dem Aufsetzen und einem Ausgleiten von ungefähr 60 Meter hatte sich die Landekufe seines Segelflugzeuges so tief im Schnee eingegraben, daß eine notwendige 90 Grad-Kurve nicht mehr möglich war. Sie sollte das Abstützen mit dem Flügelende im Schnee erlauben, was ein Abrutschen in die Tiefe verhinderte. Während das Flugzeug langsam auf den Abgrund zurutschte, sprang Schulze aus dem Cockpit und stemmte sich dagegen. Als er das Flugzeug zum Stillstand gebracht hatte, sicherte er es notdürftig mit Bremsklötzen aus Schnee und Eis vor dem Abrutschen.

Aber Dr. Schulze landete nicht nur bruchfrei, er startete auch wieder, ohne Schaden zu nehmen. Geholfen hat ihm dabei Fred Wissel aus St. Moritz, der schweizer Gletscherpilot mit der größten Erfahrung (mehrere tausend Gleschlandungen mit dem Motorflugzeug). Er landete mit seiner »Brigadier«, einem in der damaligen Tschechei nachgebauten Fieseler Storch, auf dem Gletscher. Nach einigen Vorbereitungen führte er einen perfekten Flugzeugschlepp vor. Dazu braucht er allerdings einige Helfer als Startmannschaft, die er vorher einflog. Diese brachten das Schleppflugzeug hangabwärts in Startposition und hängten das Segelflugzeug an einem 50 Meter langem Seil dahinter. Zuvor mußten an den Kufen des Motorflugzeuges Bremsklötze aus Firnschnee angebracht werden; sie sollten zu Beginn des Startvorganges ein vorzeitiges Abrutschen bei Vollgas verhindern. Zudem mußte die Haltemannschaft die Flächen des Segelflugzeuges so lange zurückhalten, bis der Startvorgang mit möglichst hoher Beschleunigung beginnen konnte. Die Haltemannschaft muß gute Arbeit geleistet haben, denn beim Start wurden den Männern die Flächenenden derart aus den Händen gerissen, daß sie sich im Schnee überschlugen und nur noch erstaunt dem Schleppzug hinterherschauen konnten, wie er über dem zerklüfteten Gletscherabbruch den sonnenbeschienen Felswänden des nahen Piz Tschierva entgegenflog. Dort löste Schulze das Schleppseil und kurbelte sich in der Thermik weiter nach oben, um einige Stunden später in Sa-

Rückflug über das Roseg-Tal zum Flugplatz Samedan. Wo Mensch und Natur sich noch begegnen, sind Außenlandemöglichkeiten äußerst spärlich. Dies muß im flugtaktischen Kalkül berücksichtigt werden.

Dr. Schulze ist glücklich gelandet! (Archiv-Foto)

Im Schnee sind noch die Spuren der Kufe zu erkennen, da das Flugzeug nach der Landung gefährlich nach unten zu rutschen begann. (Archiv-Foto)

medan zu landen. Das geglückte Experiment verlief nicht ohne den Segen eines ebenfalls eingeflogenen Beamten des eidgenössischen Luftfahrtbundesamtes aus Bern.
Dieses fliegerische Abenteuer in den schweizer Bergen erregte derart Aufsehen, daß kurz danach die FRANKFURTER ALLGEMEINE ZEITUNG von einer »Premiere auf dem Gletscher« berichtete. Wohl hatte Ernst Udet Jahrzehnte zuvor auf dem Zugspitzplatt eine Segelfluglandung demonstriert, aber an einen Rückschlepp war nicht zu denken. Sein Flugzeug wurde demontiert und mit der Bergbahn zu Tale befördert. In umgekehrter Reihenfolge verlief der Start von Günther Groenhoff, dessen Flugzeug auf das Jungfaujoch transportiert wurde, von wo aus er mit einem Gummiseilstart dem Alpensegelflug neue Impulse gab.
Diese Landung und auch der Wiederstart von Dr. Schulze mit einem Segelflugzeug war eine Premiere hoher fliegerischer Leistung, die natürlich ohne die Einsatzbereitschaft und das fliegerische Können des Gletscherpiloten Fred Wissel nicht möglich gewesen wäre. Als ich wenige Jahre später mit ihm in seiner Ka 7 zu einem Einweisungsflug in das Bernina-Massiv startete, und uns in der Nähe des Piz Tschierva 7 Meter/Sekunde Fallwinde das Fürchten lehrten, glaubte ich fast an eine Wiederholung der Gletscherlandung. Doch in niederer Höhe konnten wir über das Rosegtal zurückfliegen und noch sicher in Samedan landen. Das Abenteuer einer Gletscherlandung blieb mir erspart. Aber jedesmal wenn ich den Tschierva-Gletscher – und dies in rückflugsicherer Höhe – überfliege, überkommen mich Erinnerungen. Auch solche Ereignisse sind Segelfluggeschichte. Es war kein Rekord, der sich nach Kilometern oder Geschwindigkeit messen ließ, wohl aber ein Rekord menschlicher Zielstrebigkeit und die Beweisführung einer ungewöhnlichen Idee.
Die Grenzen der Herausforderungen der Natur an den fliegenden Menschen sind sicherlich noch nicht erreicht. Wer das Abenteuer sucht, für den gibt es immer wieder neue Horizonte und die Verlockungen der Natur reizen immer wieder aufs neue. Unsere Flugzeuge und unsere Flugtaktiken werden immer wieder verbessert. Quo vadis, fliegender Mensch?

Fliegen – und besonders Segelfliegen im Hochgebirge – bedeutet für mich eine besonders intensive Begegnung mit den Kräften und den Elementen der Natur; doch wer sich mit ihnen messen oder sie sogar nutzen will, muß sie zuerst fürchten und respektieren lernen. An dieser Erkenntnis kommt ein Segelflugpilot im Laufe seines Fliegerlebens wohl kaum vorbei. Eine Gletscherlandung mit einem Segelflugzeug ist sicherlich eine Naturbegegnung, die uns diese Erkenntnis bestätigt.
Wer Dr. Schulze persönlich kennt und vor allem seine herausragenden menschlichen Eigenschaften schätzen gelernt hat, versteht die Gletscherlandung als die logische Konsequenz seiner Denkweise und seines Handelns. Wenn Handeln zum Prinzip erklärt wird, müssen auf Worte Taten folgen. Schulze hat auch mich überzeugt, doch ich muß ehrlicherweise zugeben, daß zu einer Gletscherlandung mein Mut nicht ganz ausreicht.

SEGELFLIEGEN – ZWISCHEN NATURERLEBNIS UND LEISTUNGSSPORT

Perspektiven

Die Variationen des motorlosen Fluges sind so vielseitig wie die Interessen und Fähigkeiten der Piloten. Die Spannweite reicht vom naturnahen Erlebnisflug bis hin zur höchsten sportlichen Herausforderung im Streckenflug oder im vergleichenden Wettbewerb, wo oft Minuten und Sekunden entscheiden.
Es gibt wohl keine vergleichbare Sportart, die so vielseitig ist und daher auch entsprechende Anforderungen an die Piloten stellt: Weitreichende Kenntnisse der Meteorologie bis hin zur angewandten Aerodynamik, gepaart mit der sicheren Beherrschung des Fluggerätes und seiner Technik, einschließlich navigatorischer Kenntnisse, um nur einige wichtige Merkmale zu nennen. Entscheidungsfähigkeit in kritischen und komplexen Situationen, verbunden mit der Konfrontation und dem Meistern der Naturkräfte, stellen den Piloten oft vor unerwartete und zusätzliche Aufgaben. Dies setzt gute körperliche und geistige Fitness voraus.
Selbst für die »Genießer« unter den Piloten, die mit Thermik, Hang- oder Wellenaufwinden vorzugsweise das naturnahe Erlebnis suchen, können Flüge zu einer Herausforderung werden. Ihr bevorzugtes Ziel jedoch ist, wie Adler über den Berggipfeln zu kreisen, Entspannung und Ausgleich zu suchen, um einfach Freude am Fliegen zu haben und die Harmonie mit der Natur zu erleben. Wenn beispielsweise die Wellenaufwinde der Alpen den flugbegeisterten Piloten weit über 7000 Meter über die fast unendliche Weite der Berggipfel tragen, dann weitet sich im wahrsten Sinne des Wortes der Horizont. Bei einer klaren Luft wird der Blick frei auf die unzähligen Gipfel der Alpenwelt, eine überwältigende Perspektive, die außer Piloten vielleicht noch Bergsteiger erleben dürfen. Der Blick wird frei auf eine noch schöne weite Welt, deren Faszination uns immer wieder neu beeindruckt. Es wird verständlich, daß solche Erlebnisse bei vielen Piloten als Höhepunkte des Fliegens gelten. Sie suchen das »stille Abenteuer«. Die Ursprünglichkeit des Segelfliegens wird nirgendwo bewußter erlebt als im Kreisen über den wenigen unberührten Landschaften unserer Erde. Hier werden die Kräfte der Natur im Segelflug geschickt genutzt und aus der Flugperspektive neue Eindrücke gewonnen.
Doch die Herausforderung an den Segelflugpiloten beschränkt sich keinesfalls auf den Erlebnisflug, denn erst Segelfliegen als Hochleistungssport – sei es im individuellen oder im Wettbewerbs-ausgerichteten Leistungsflug – fordert den ganzen Piloten. Dies sowohl von seinen geistigen als auch von seinen körperlichen

Der vierfache Segelflug-Weltmeister Ingo Renner verkörpert den Pilotentyp, der das Naturerlebnis mit sportlicher Spitzenleistung verbindet.

Nächste Seite: Fliegen in Verbindung mit Naturerlebnis ist für viele Piloten der Höhepunkt des Segelfluges.

DG-400
AUTOHAUS
NIGG

D-KOBI

Fähigkeiten. Spitzenpilot zu werden, ist kein akademisches Privileg. Theoretisches Wissen, Training und Erfahrung sind sicherlich eine wichtige Voraussetzung, doch ohne das schöpferische Talent eines Ingo Renner ist ein vierfacher Weltmeister nicht denkbar. Nicht die Anwendung des theoretischen Wissens irgendwelcher Lehrbücher ist der Schlüssel zum Erfolg, vielmehr ist es die Fähigkeit, in einem komplexen System mit vielen voneinander abhängigen Variablen die richtige Entscheidung zu treffen. Bruno Gantenbrink, Weltmeister der 15 m Rennklasse 1989, bringt die Sache auf den Punkt: »Solange man nicht begreift, daß Segelfliegen ein Chance-Risiko-Spiel ist, vielmehr als eine exakte Wissenschaft, solange hat man gegen die, welche das mindestens gefühlsmäßig begreifen und ihre Entscheidungsstrategien konsequent darauf abrichten, überhaupt nicht die geringste Chance«. Sicherlich ist das Abwägen, welche Chance welches Risiko wert ist, ein wesentliches Ziel einer Entscheidungsstrategie; doch die Bewertung, mit welchem Anteil das Gefühl eines Piloten oder sein analytisches Kalkül bei Entscheidungsfindungen den Vorrang hat, ist individuell verschieden. Aber genau diese Eigenschaften bestimmen letztendlich die Pilotenpersönlichkeit. Vielleicht kommt es nur auf die »richtige Mischung« an. Interessanterweise zeigen die Erfolgsbilanzen, daß Naturtalente größere Chancen als theoretisch orientierte Piloten haben.
Unter Risikobereitschaft wird in der Regel eine mögliche Außenlandung verstanden und damit eine schlechte Plazierung bei Wettbewerben. Das ist ein ganz normaler Vorgang. Je größer aber die Zahl der Teilnehmer an internationalen Wettbewerben oder gar Weltmeisterschaften wird, um so mehr kommt das Sicherheitsrisiko ins Gespräch. Justin Wills, einer der hochqualifizierten 116 Teilnehmer der Weltmeisterschaft 1993 in Borlänge/Schweden, kritisiert mit Recht die gegenwärtigen Abflugregeln, die zwangsläufig – beispielsweise bei 49 Teilnehmern in der Standardklasse – zur gefährlichen Pulkbildung führen. Denn die auf den Abflug wartenden Flugzeuge sammeln sich – sofern keine Höhenbeschränkung vorgegeben ist – in der Regel unter einer aufwindintensiven Wolke. Dazu kommt (zur weiteren Höhengewinnung) die Versuchung des Wolkenfluges. Justin Wills empfiehlt daher folgerichtig, nicht nur die Teilnehmerzahlen zu verringern, sondern auch die Abflughöhe, beispielsweise 150 Meter unterhalb der Wolkenbasis, zu limitieren. Die Pulkbildung, die sich leider auch noch nach dem Abflug fortsetzt, ist bei Wettbewerben die häufigste Unfallursache; sie kann durch ein besseres Reglement sicherlich vermindert werden.
Die Frage, ob mittels einer intelligenten und aufwendigen Instrumentierung eventuelle Wettbewerbsvorteile genutzt werden sollen, wird immer wieder im Sinne einer möglichen Beschränkung diskutiert. Wenn Wettbewerbe unter anderem das Ziel haben, möglichst auf natürliche Weise, also ohne allzu hohen technologischen Instrumentierungsaufwand, die Piloten aneinander zu messen, sollte in der Tat darüber nachgedacht werden, ob nicht zumindest in der Standardklasse eine Beschränkung sinnvoll wäre. Zusätzlich ergäbe dies eine vorteilhafte Kostenreduzierung, denn nicht jeder gute Pilot kann sich finanziell einen internationalen Wettbewerb leisten. Aber solange »Naturtalente« unter den Piloten auch ohne aufwendige Instrumentierung in der internationalen Spitzenklasse sehr erfolgreich mitfliegen, sind »High-Tech-Instrumentierungen« noch lange nicht wettbewerbsentscheidend. Wenn Wettbewerbe in erster Linie die natürlichen und individuellen Fähigkeiten der Piloten vergleichen sollen, dann bedarf es hierzu nicht unbedingt des letzten Standes der Bordcomputer-Technologie. Aber man muß auch andererseits Möglichkeiten zulassen, die von der Natur beschränkte Wahrnehmung des Menschen mit seinen fünf Sinnen zu erweitern. Hier findet die moderne Instrumentierung auf Dauer sicherlich ihren Stellenwert.
Segelflug ist nicht ohne psychologischen Einfluß. Motivation, Nervenstärke, Selbstvertrauen, ein gesundes Maß an Ehrgeiz und die Fähigkeit, eingefahrene Gleise zu verlassen – diese Eigenschaften zeichnen Spitzenpiloten aus. Moderne Bordelektronik ist sicherlich kein Ausgleich für mangelnde Kreativität, sie dient aber der Datenaufbereitung und kann damit die Entscheidungsfindung wesentlich unterstützen, bzw. beeinflussen. Beispielsweise finden sich Endanflugrechner in immer mehr Flugzeugen, denn das gefühlsmäßige Abschätzen des oft Wettbewerbs-entscheidenden Endanfluges ist nicht ohne Risiko. Hier dürfte das analytische Kalkül die besseren Chancen haben. Andererseits darf aber auch eine moderne Instrumentierung nicht überschätzt werden. Selbst die Einführung der künstlichen Intelligenz durch eine entsprechende Computertechnologie wäre überfordert. Die Vielschichtigkeit der Entscheidungsfindung fordert nach wie vor die Kreativität und Intelligenz heraus. Sie ist grundsätzlich durch keine Technologie zu ersetzen.

Bevor beim Wettbewerb der Abflug freigegeben wird, muß besonders auf erhöhte Kollisionsgefahr geachtet werden.

Wer seine sportlich-fliegerischen Fähigkeiten realistisch einschätzen will, sollte an Wettbewerben teilnehmen. Auch wer keinen der ersten Plätze erreicht, kann wertvolle Erfahrungen und das Gefühl der gemeinsamen sportlichen Verbundenheit mit nach Hause nehmen.

Die moderne Computertechnologie hat dem Leistungssegelflug sicherlich neue Perspektiven eröffnet. Es darf aber nicht vergessen werden, daß ohne eine einhergehende Weiterentwicklung der Sensorik diese Technologie nicht voll genutzt werden kann. Die verfügbare hochgenaue Drucksensorik war eine logische Folge dieser Forderung. Aber die Leistungspiloten unter den Segelfliegern sind nie ganz zufrieden. So wird immer wieder über die Verbesserung der Sollfahrttheorie zur weiteren Optimierung der Reisegeschwindigkeit diskutiert. Doch dafür muß eine erweiterte Sensorik nicht nur das Steigen, sondern auch den Versatz des Aufwindes, die vektorielle Windinformation und natürlich auch die Luftdichte ermitteln, da letztere die Reisegeschwindigkeit mitbestimmt. Die moderne GPS -Instrumentierung ist sicherlich auch in diesen Punkten noch ausbaufähig.
Einen höheren Stellenwert als die Instrumentierung haben aber unumstritten die Flugvorbereitungen für den Leistungsflug, die am besten schon in den Wintermonaten begonnen werden sollten. Dazu gehört in erster Linie eine Katalogisierung der je nach Wetterlage möglichen Streckenflüge, wobei die Lage der Wendepunkte von entscheidender Bedeutung sein kann. Die letztendliche Auswahl der Strecke ist natürlich nicht nur wetterabhängig, sondern sollte sich vor allem an den persönlichen Fähigkeiten und Erfahrungen des Piloten messen lassen. Ein realistischer Maßstab hierfür dürfte die Schnittgeschwindigkeit sein, zu der ein Leistungspilot fähig ist. Damit steht und fällt die Größe seiner Aufgabe innerhalb der von Wetter und Flugzeugtyp vorgegebenen Randbedingungen. Wenn Spitzenpiloten wie Hans-Werner Grosse Rekorde fliegen, sind dies keine Zufallsergebnisse. Dahinter verbergen sich vielmehr Vorbereitungen mit »System«.
Eines ist im Segelflug jedoch sicher: Rekorde können nur von Spitzenpiloten und Spitzenflugzeugen gemeinsam erflogen werden. Der Konstrukteur ist immer unsichtbar mit dabei, denn die technische Leistungsfähigkeit seines Flugzeuges ist mitbestimmend für den Erfolg. Erst wenn mehrere Piloten den gleichen Flugzeugtyp fliegen, wird ein Wettbewerb letztendlich interessant. Im Vordergrund des Interesses sollte der Mensch stehen und weniger die Technologie.

Ein Wettbewerbstag
von Bernd Schneider

Es ist Dienstag, der 1.Juni 1993. Der zweite Wettbewerbstag beim 15.Internationalen Segelflugwettbewerb in Hockenheim steht bevor. Da dies mein erster Wettbewerb ist, habe ich natürlich keine Ambitionen auf die vorderen Plätze. Für mich geht es einfach nur ums Mitfliegen und um das Erlernen des wettbewerbsmäßigen Fliegens.
Rückseitenwetter wird nun ungeduldig erwartet, nachdem dies am Vortag nicht eintraf. Der Wettbewerbstag beginnt um 8:00 Uhr mit dem Aufbau der Flugzeuge sowie der Plombierung der Barographen und Kameras. Um 10:30 Uhr eröffnet Fred Gai als Sportleiter das Briefing. Die Aufgaben vom Vortag werden hier nun kurz besprochen. Die Tagessieger der drei Wettbewerbsklassen Renn-, Standard- und Clubklasse werden mit einer Flasche Sekt geehrt. Danach sind die Meteorologen an der Reihe. Die lästige Kaltluft, welche für die Gewitter am Vortag verantwortlich war, wird nun durch fliegbare Warmluft verdrängt. Thermikbeginn 11:00 Uhr, Konvektionshöhe 1800 Meter und südwestliche Winde sind bei mäßiger Sicht angesagt. Steigwerte von 1 bis 2,5 Meter/Sekunde sollen angetroffen werden. Eigentlich gar nicht so schlecht, wenn nur die zum Schluß angekündigte Cirrusabschirmung, von Süden kommend, nicht wäre.
Die Rennklasse, in der auch ich mit meiner schon etwas betagten LS3-a fliege, startet zuerst. Sie bekommt mit 338 Kilometer auch die größte Aufgabe an

Seit vielen Jahren präsentiert sich Hockenheim als beliebter Austragungsort für seinen internationalen Segelflugwettbewerb.

diesem Tag. Die Wenden sind der Sender Merkur bei Baden-Baden, das BAB-Dreieck Würzburg West und die Weinheimer Flugplatzhalle.
Startbereitschaft ist um 11:30 Uhr. Kurz danach dröhnen die Motoren der fünf Schleppmaschinen und ziehen die 77 Segelflugzeuge unter einen vielversprechenden Cumulushimmel mit einer Anfangsbasis von 1200 Meter. Nachdem die Rennklasse vollständig gestartet ist, wird kurz danach der Abflug für diese Klasse freigegeben. Zur ersten Wende muß nach Süden geflogen werden. Mit dem Abflug warte ich und mancher andere Mitflieger nicht lange, da von Süden der zu erwartende Warmlufteinbruch schon sichtbar wird. Bei einer Basis von 1200 Meter verläuft der Flug bis Karlsruhe völlig problemlos. Der Kurbelanteil ist sehr gering. Doch dann wird die Warmluft schon sichtbar. Die Wolken haben sich aufgelöst. Genau über der ersten Wende steht schon die hohe Cirrusbewölkung, welche fast keine Sonneneinstrahlung mehr durchläßt. Den anderen Konkurrenten, welche später abgeflogen sind, wird diese Abschirmung zum Verhängnis. Für viele von ihnen ist der Flug schon kurz nach der ersten Wende zu Ende. Für mich wird es ein spannender Wettlauf mit der Cirrus-Abschirmung, die sich von Südwesten nach Nordosten bewegt. Dies entspricht auch genau meinem Kurs zur zweiten Wende nach Würzburg. Nach dem ersten Wendepunktfoto muß erst einmal wieder Höhe gewonnen werden. Um die schwache Thermik mangels Sonneneinstrahlung noch nutzen zu können, lasse ich ungefähr die Hälfte der 80 Liter Was-

Co-Autor Bernd Schneider überdenkt noch einmal die Tagesaufgabe vor dem Start. Je besser die Vorbereitung, um so mehr steigen die Chancen für einen erfolgreichen Flug. Aber auch Nervenstärke und das richtige taktische Konzept entscheiden über den Erfolg.

Die Konkurrenz ist groß, doch nur wenige können gewinnen. Allein die Teilnahme ist für viele Teilnehmer bereits ein erstrebenswertes Ziel. Die vielen Fachgespräche über Flugzeuge und erst recht der Erfahrungsaustausch am Abend nach der Rückkehr von der Tagesaufgabe sind wesentliche Elemente der fliegerischen Weiterbildung, die kein theoretischer Unterricht ersetzen kann.

ser ab. Direkt an der ersten Wende können meine Mitflieger und ich noch soviel Höhe gewinnen, um ins Murgtal nach Norden zu gleiten. Auf der anderen Talseite trägt uns in 800 Meter noch ungefähr 1,5 Meter/Sekunde integriertes Steigen auf ungefähr 1400 Meter. Nun wird Pforzheim angeflogen. Erst ab hier gelingt es uns, die verfolgende Abschirmung loszuwerden. Doch der kleine Pulk mit ungefähr zehn Flugzeugen beginnt sich schon hier langsam aufzulösen. Ich bin fast wieder alleine auf mich gestellt, da mir manche davonflogen. Sicherlich hat hier die Erfahrung eine Rolle gespielt. Jedoch kann ich mit meiner mit Mücken besetzten LS3-a nicht mit den neueren Flugzeugen mithalten, vor allem, wenn es sich um eine ASH25 oder um den neuen Duo-Discus handelt.

Am Flugplatz Mühlacker vorbei wird auf die hügeligen Erhebungen östlich des Senders Güglingen zugesteuert, wo die nächste Thermik stehen müßte. Meine Höhe schwindet bei diesem sehr langen Gleitflug immer mehr; die ganze Zeit traf ich noch keinen vernünftigen Aufwind an. In ungefähr 350 Meter über Grund und den Außenlandeacker schon in Sicht, treffe ich nun doch noch auf den rettenden Aufwind. Er verschafft mir die erforderliche Höhe, um das Kernkraft-

werk Neckarwestheim südlich von Heilbronn anzufliegen. Von weitem sehe ich die Kondensfetzen des Kühlturmes mit der darüber stehenden Cumuluswolke. Meine Höhe reicht gerade noch aus, um über dem Kühlturm in den turbulenten Kraftwerksbart einzukreisen. Das 3,5 Meter/Sekunde integrierte Steigen trägt mich auf 1400 Meter.
Begleitet von zwei anderen Fliegerkameraden meiner Klasse verläuft der Flug bis Würzburg unter blauem Himmel problemlos. Erst im Norden, kurz vor Würzburg, ist wieder gute Cumulusbewölkung zu erkennen. Die zweite Wende, das BAB-Dreieck westlich von Würzburg, kann ich aber erst relativ spät fotografieren. Die Wolken über dem Odenwald nach Westen haben an Struktur verloren. Ich muß mich beeilen. Von den beiden mitfliegenden Kameraden ist nichts mehr zu sehen, obwohl wir uns später wieder zufällig in der Luft begegnen werden. Bis kurz vor dem schönen Plateau-Flugplatz Mainbullau verläuft der Flug ohne größere Probleme. Den restlichen Wasserballast muß ich nun doch noch ablassen. Schon habe ich die Flugplatzfrequenz Mainbullau eingestellt und fliege zielstrebig in ungefähr 300 Meter über Grund das nach Westen abfallende Plateauende an, welches noch gut durch die Sonne angestrahlt wird. Wie vermutet, kann ich noch einmal 1 Meter/Sekunde Steigen ausfindig machen. Hundert Meter über mir steigen noch zwei meiner Konkurrenten in diesen Aufwind ein. Wieder an der Basis in 1400 Meter angekommen, folgt nun ein sehr langer Gleitflug über den Odenwald nach Westen zur letzen Wende. Die Flugplatzhalle Weinheim wird in 400 Meter fotografiert. Die Thermik ist nun fast völlig zum Erliegen gekommen. Etwas südlich vom Flugplatz Weinheim finde ich noch einmal magere 0,3 Meter/Sekunde, die mich noch einmal auf 550 Meter hochtragen. Dies reicht noch, um den Flugplatz Mannheim-Neuostheim zu erreichen. In 250 Meter über Grund fliege ich nicht mehr die Industrieschornsteine südlich des Flugplatzes an. Nach 322,3 Kilometer entschließe ich mich zur Sicherheitslandung in Mannheim. Die zwei anderen Konkurrenten, welche noch 100 Meter höher sind, finden tatsächlich noch den letzten rettenden Aufwind über den Industrieschornsteinen und können somit noch die restlichen 16 Kilometer nach Hockenheim bewältigen. Ich bin aber nicht alleine. Ein niederländischer Wettbewersteilnehmer ist auch in Mannheim gelandet.

Da an diesem Tag fast die Hälfte der 28 Teilnehmer meiner Klasse eine Außenlandung hinlegen mußten, bin ich mit meinem 13. Tagesplatz als Wettbewerbsneuling wirklich zufrieden. In den folgenden Tagen blieb das Wetter bescheiden, so daß insgesamt nur an vier Wertungstagen geflogen werden konnten. Ich habe jedoch viel Neues gelernt, gerade was das wettbewerbstaktische Fliegen angeht. Zudem hat es auch viel Spaß gemacht. Es war sicherlich nicht mein letzter Wettbewerb!

SEGELFLUGCOCKPIT IM WANDEL
von Bernd Schneider

Auch in der Technik, insbesondere in der Cockpitinstrumentierung moderner Segelflugzeuge, eröffnen sich neue Horizonte. Wer kennt ihn nicht, den »Uhrenladen« älterer (Segel-) Flugzeuge vergangener Zeiten? Waren es früher nur mechanische Instrumente, welche für die Grund-Instrumentierung Verwendung fanden, so ist heute ein Großteil des Cockpits »elektronisiert«. Die Mikroelektronik und Mikroprozessor-Technologie fand und findet immer neue Einsatzmöglichkeiten, auch in einem Segelflugzeug.
Ausgangssituation und zugleich Anstoß für die Entwicklung neuer Instrumente einschließlich kleinerer Bordcomputer war beim Segelflug die zunehmende Verbesserung der Flugtaktik. Dies begründete sich durch das ständig wachsende Interesse am Streckensegelflug, der seine Vollendung vielleicht im Wettbewerb findet. Mathematiker lieferten parallel zu dieser Entwicklung auch die Theorie für die Flugtaktik bei Streckenflügen. Zu jedem Zeitpunkt eines Fluges muß der Pilot gleichzeitig verschiedene Parameter beachten, wie beispielsweise die Aufwindstärke, ihre räumliche Verteilung, ihren Abstand, die Konvektionshöhe sowie die Zuverlässigkeit der Aufwinde. Danach richtet sich die Flugtaktik, die sich an der weltbekannten Sollfahrttheorie – entsprechend dem amerikanischen Mathematiker McCready – orientiert. Hier soll nur nebenbei erwähnt werden, daß Segelflugpiloten die Taktik nach der Sollfahrttheorie in der Praxis unterschiedlich anwenden. Diese gab letztendlich den Anstoß zur Entwicklung und Herstellung neuer Instrumente, um dem Segelflug neue und erweiterte Möglichkeiten zu eröffnen.
Die Revolution im Segelflugcockpit begann mit der Einführung des elektronischen Variometers vor vielen Jahren. Dieses Instrument zeigt dem Piloten das momentane Steigen oder Fallen an. Über einen besonderen Filter des Variometersignals läßt sich die Schnelligkeit und damit die Empfindlichkeit der Anzeige verändern, was in der Fachsprache »Dämpfung« genannt wird. Außerdem werden auch integrierte Variometersignale angeboten. Über eine Integrationszeit von 30 Sekunden – was ungefähr einem Vollkreis entspricht – läßt sich damit ein realistisches Steigen oder Fallen ermitteln.
Für das Fliegen nach der Sollfahrttheorie wurde bisher der sogenannte McCready-Ring verwendet, der die Geschwindigkeit in Bezug zum erwarteten Steigen anzeigt. Zusätzlich wurde nun der elektronische Sollfahrtgeber eingeführt, der jedoch mit einem kleinen Rechner verbunden war. Er versetzte den Pilot in die Lage, verschiedene Parameter, wie beispielsweise Flächenbelastung und McCready-Wert, einzustellen, durch die sich zusätzlich die Fluggeschwindigkeit verändert. Es entstand ein kleiner Boardcomputer, der mittels sehr genauer Drucksensoren auch eine sehr exakte Erfassung der Vertikalgeschwindigkeit und der Flughöhe ermöglichte – der Endanflugrechner war geboren. Die sogenannte Gleitpfadberechnung ermöglichte es, frühzeitig zu erkennen, ob der Zielflugplatz bei ermitteltem Wind noch erreichbar ist. Dies bedeutete eine große Hilfe für den Streckenpiloten, insbesondere bei Wettbewerbsflügen, die oft im Endanflug sehr spannend verlaufen und hier auch schon des öfteren entschieden wurden. Nahezu jedes moderne Segelflugzeug besitzt einen Segelflugrechner, wie der Endanflugrechner meist in der Umgangssprache genannt wird. Daß sich dies nicht nur auf Privatflugzeuge beschränkt, beweist die Tatsache, daß immer mehr Vereinsflugzeuge einen entsprechenden Rechner erhalten. Der Trend, der vor vielen Jahren im Segelflug eingesetzt hat, ist eindeutig: Segelfliegen ist Streckenfliegen, wenn möglich sogar rechnerunterstützt.
Doch damit ist die Evolution in der Segelfluginstrumentierung noch lange nicht zu Ende. Der letzte Schrei ist die Satellitennavigation mit GPS (Global Positioning System). Diese aus den militärischen Entwicklungszentren der Vereinigten Staaten kommende Technologie ist eine geradezu revolutionierende Navigationshilfe. Das Navstar GPS ist ein Satelliten- /Funk-Navigationssystem, mit dem weltweit eine sehr genaue, dreidimensionale Positions-, Geschwindigkeits und Zeitbestim-

D-2570
EC

plexer erscheinen die Zusammenhänge. Der Mensch braucht eine neue Denkweise, um die Natur besser zu verstehen und sie dann modellieren zu können. Gemeint ist die Chaos-Theorie. Nach ihr kann beispielsweise der Flügelschlag eines Schmetterlings schon genügen, um einen wetterbestimmenden Prozess in der Erdatmosphäre auszulösen.
Schöne oder interessante Bilder faszinieren den Menschen zunächst nur visuell. Doch der Verstand begnügt sich nicht mit den Eindrücken der Sinneswelt. Soweit es unser Wahrnehmungshorizont zuläßt, versuchen wir über das Sehen hinaus zu begreifen und zu verstehen. Wir wissen schon längst, daß die Welt aus mehr besteht, als was wir mit unseren Sinnen erfassen können. Einstein hat es treffend formuliert: »Was wir kennen, ist ein Tropfen, was wir nicht kennen, ist das Meer«.
Beim Betrachten des nebenstehenden Bildes drängt sich die Frage auf: Wo ist oben und wo ist unten? Wir müssen zugeben, daß wir diese Frage doch sehr relativ angehen, solange wir unsere gewohnte Umgebung nicht verlassen.
Unser Mittelpunktsglaube – religiös oder auch weltanschaulich begründet – hat uns lange davon abgehalten, über die Struktur des Raumes und die Zeit nachzudenken. Viele Jahrtausende lang lebte man auf einer flachen Welt und das Unbekannte wurde in die Fantasie verdrängt. Doch die Welt ist mehr als nur »rund« und somit mehr als dreidimensional. Die Uhren gehen auf einem hohen Berg eben schneller, da die abgeschwächte Gravitation ihren Gang beschleunigt.
Diese physikalische Tatsache als graue Theorie abzuhandeln, die vielleicht noch nicht einmal etwas mit dem

Zwischen Chaos und Ordnung oder Zufall und System: Auf die richtige Verteilung kommt es an, sei es in einem südfranzösischen Lavendel-Feld oder die Wolkenverteilung für den Segelflug (siehe nächstes Bild).

WO KRAFT IST,
IST WIRKUNG VON KRAFT
KEIN SONNENSTRAHL GEHT VERLOREN,
ABER DAS GRÜN, DAS ER WECKT
BRAUCHT ZEIT ZUM SPRIESSEN
UND DEM SÄMANN IST NICHT IMMER BESCHIEDEN
DIE ERNTE MITZUERLEBEN.
ALLES WERTVOLLE WIRKEN IST TUN AUF GLAUBEN.

Albert Schweitzer

Krise muß der Mensch sich auf sein existenzielles Verhältnis zur Natur besinnen. Es geht um das fundamentale Begreifen von Naturgesetzen und deren Akzeptanz: Die Natur braucht den Menschen nicht, aber der Mensch braucht die Natur. Beim Flug in der natürlichen Einsamkeit zwischen Himmel und Erde wird der Mensch nachdenklich und Denkanstöße dieser Art sind unausweichlich.

Die Rückkehr von einem erlebnisreichen Flug läßt uns begreifen, daß Segelfliegen etwas mit unserem Naturverständnis zu tun hat, sogar mit unseren Idealen und Zielen. Die Ziele und auch Grenzen werden als Herausforderungen empfunden, denen man sich stellen muß. Die Wertmaßstäbe sind nicht die Motorenstärke, sondern die Naturkräfte, die es zu bewerten und flugtaktisch auszunutzen gilt. Wenn inzwischen Entfernungen von über 2000 Kilometer im motorlosen Flug zurückgelegt wurden, dann hat der Mensch den Beweis erbracht, zu welchen Leistungen er im Segelflug fähig ist. Es darf aber dabei nie vergessen werden, daß Lilienthal mit 25 Meter begann! Nicht nur das Flugzeug oder die Naturkräfte ermöglichten diese Leistung, sondern vor allem die körperlichen und geistigen Fähigkeiten der Piloten. Leider wird diese Tatsache von den meisten Menschen nicht wahrgenommen, denn Segelfliegen ist ein Sport ohne Zuschauer.

Die Ikarus-Sage des Altertums gilt als erstes Zeugnis des »Traums vom Fliegen«. Doch erst vor hundert Jahren ließen schöpferische und mutige Menschen mit dem Gleitflug die Vision zur Wirklichkeit werden. Lilienthal bezahlte seine Flugsehnsucht mit dem Leben. Es gehört zur Tragik des menschlichen Lebens – auch für viele Flugpioniere danach – daß »dem Sämann nicht immer die Ernte beschieden ist«. Tiefsinniger als mit den Worten Albert Schweitzers kann das Lebensopfer der Flugpioniere wohl nicht beschrieben werden.

In einem Zeitalter, in dem die Motorisierung anscheinend keine Grenzen mehr kennt, behauptet sich der motorlose Flug als eine sportliche Disziplin, die bewußt ihr abhängiges Verhältnis zur Natur in den Vordergrund stellt. Segelflug ist der Beweis, wie sinnvoll der Mensch die Naturkräfte auch zu seiner Lebensfreude nutzen kann. Sein Verhältnis zur Natur und das Erkennen der Grenzen seiner Fähigkeiten werden dabei immer wieder aufs neue überprüft.

Wir leben heute in einer Scheinkultur zwischen Auto und Fernsehen. Freizeit und ihre manchmal fragwürdige Erlebniswelt wird oft über den Ladentisch verkauft, eine mehr passive Angelegenheit als eine kreative Herausforderung an junge Menschen. Angesichts dieser Situation kann Segelflug nicht nur als Variante einer neuen Freizeitqualität verstanden werden, sondern vor allem als sinnvolles Angebot, die Natur in einer neuen Dimension zu erleben. Segelfliegen wird zu einer wertvollen Naturerfahrung, in der der Mensch immer wieder neue Möglichkeiten entdeckt, aber auch seine Grenzen kennenlernt. Wer fliegt, überwindet Horizonte mit ihren nur scheinbaren Grenzen und schafft neue Freiräume in einer immer enger werdenden Welt. Segelfliegen gibt unserem Leben neue Werte.

DANK

Mit diesem Buch danke ich Hildegard. Als meine Frau weiß sie, daß ich nicht nur aus sportlichem Ehrgeiz fliege, sondern auch das Naturerlebnis suche. Ohne ihr Verständnis für den nicht immer familienfreundlichen Flugsport hätte dieses Buch nicht geschrieben werden können. Bei der Auswahl der Bilder und der Enstehung der Texte war sie mir in dankenswerter Weise ein kritischer Partner. Mit diesem Buch teile ich mit ihr meine schon leidenschaftliche Freude am Fliegen, meine Eindrücke und meine Erlebnisse.
Für die wertvolle Infrarot-Fotografie »Grenzschicht - Strömungsanalyse an einem Profil« im Kapitel »Segelfliegen – zurück zur Natur« bedanke ich mich bei der Firma SIEMENS, Karlsruhe, für die freundliche Überlassung.
Dem Kapitel »Schwäbische Alb« liegt ein informatives Gespräch mit dem Europameister und Weltmeisterschaftsteilnehmer Eberhard Laur aus Stuttgart zu Grunde. Seine freundschaftliche Gesprächsbereitschaft und seine segelfliegerische Kompetenz waren mir eine wertvolle Hilfe.
Dr. Schulze verdanke ich die Einsicht und die Überlassung der Dokumentation über seine aufsehenerregende Gletscherlandung.
Die im Kapitel »Segelflugcockpit im Wandel« vorgestellte »Netzdarstellung eines Kreisfluges« wurde freundlicherweise von der Firma hollenzer microelectronic, Eglharting, als Auswertebeispiel eines zukunftsorientierten Segelflugrechners (ifiss = Integriertes Flug-Informations-System für Segelflugzeuge) zur Verfügung gestellt.
Während meiner Segelflüge in Zentralspanien traf ich in Ingo Renner nicht nur einen Segelflieger mit Weltmeisterschafts-Niveau, sondern auch einen kompetenten Gesprächspartner, der trotz aller technischen Neuerungen sich noch eine natürliche Einstellung zum Segelflug bewahrt hat. In dankenswerter Weise hat er mit dem Vorwort seine Gedanken meinem Buch vorangestellt.
Ohne die Anregungen und Vorschläge des Motorbuch Verlages wäre dieses Buch nicht in dieser Qualität entstanden. Der Verfasser dankt für das entgegengebrachte Interesse und für die erfolgreiche Zusammenarbeit.

M1
D-4984